EinFach Musik
Unterrichtsmodell

Musik, Raum und Sozialverhalten

Von Ursula Ditzig-Engelhardt

Herausgegeben von
Norbert Schläbitz

© 2012 Bildungshaus Schulbuchverlage
Westermann Schroedel Diesterweg Schöningh Winklers GmbH
Braunschweig, Paderborn, Darmstadt

www.schoeningh-schulbuch.de
Schöningh Verlag, Jühenplatz 1–3, 33098 Paderborn

Das Werk und seine Teile sind urheberrechtlich geschützt.
Jede Nutzung in anderen als den gesetzlich zugelassenen Fällen bedarf der
vorherigen schriftlichen Einwilligung des Verlages.
Hinweis zu § 52a UrhG: Weder das Werk noch seine Teile dürfen ohne eine
solche Einwilligung gescannt und in ein Netzwerk gestellt werden.
Das gilt auch für Intranets von Schulen und sonstigen Bildungseinrichtungen.

Auf verschiedenen Seiten dieses Buches befinden sich Verweise (Links) auf
Internetadressen. Haftungshinweis: Trotz sorgfältiger inhaltlicher Kontrolle wird
die Haftung für die Inhalte der externen Seiten ausgeschlossen. Für den Inhalt
dieser externen Seiten sind ausschließlich deren Betreiber verantwortlich. Sollten
Sie dabei auf kostenpflichtige, illegale oder anstößige Inhalte treffen, so bedauern
wir dies ausdrücklich und bitten Sie, uns umgehend per E-Mail davon in Kenntnis
zu setzen, damit beim Nachdruck der Verweis gelöscht wird.

Druck 5 4 3 2 1 / Jahr 2016 15 14 13 12
Die letzte Zahl bezeichnet das Jahr dieses Druckes.

Umschlaggestaltung: Jennifer Kirchhof
Druck und Bindung: westermann druck GmbH, Braunschweig

ISBN 978-3-14-018095-5

Vorwort

Der vorliegende Band ist Teil einer Reihe von Unterrichtsmodellen, die von Lehrerinnen und Lehrern erprobt wurden und an den Bedürfnissen der Schulpraxis orientiert sind. Sie decken ein breites Spektrum tradierter und aktueller Themenbereiche ab. So werden Unterrichtsmodelle zu Komponisten oder Epochen vorgelegt, darüber hinaus sind Modelle und Unterrichtsvorschläge zu relevanten Themen des Faches Musik im Zusammenhang mit seinen Nachbarfächern vertreten. Den Unterrichtsmodellen beigefügt sind CDs mit dem Großteil der behandelten Musikstücke unter Verzicht auf gängige Musikliteratur.

Die Reihe EinFach Musik sucht dabei den schulischen Gegebenheiten Rechnung zu tragen und bietet ein ausgewogenes Verhältnis von Aufgaben, Impulsen, Fragestellungen oder Projekten ohne und mit Notenkenntnissen. Im Mittelpunkt stehen Bausteine, die jeweils thematische Schwerpunkte mit entsprechenden Untergliederungen beinhalten.

In einem ausführlichen Inhaltsverzeichnis erhält der Benutzer/die Benutzerin zunächst eine Übersicht über die im Modell behandelten Bausteine.

Es folgen:

- Vorüberlegungen zum Einsatz des Buches im Unterricht
- Hinweise zur Konzeption des Modells
- Ausführliche Darstellung der einzelnen Bausteine
- Zusatzmaterialien

Ein besonderes Merkmal der Modelle ist die Praxisorientierung. Enthalten sind kopierfähige Arbeitsblätter, Tafelbilder, konkrete Arbeitsaufträge, Projektvorschläge. Handlungsorientierte Methoden und produktionsorientierte, kreative Verfahren im Umgang mit Musik sind in gleicher Weise berücksichtigt wie eher traditionelle Verfahren zur Erschließung von Musikliteratur. Die integrierte CD mit den Musikbeispielen ermöglicht einen schnellen Zugriff auf die behandelte Musikliteratur. Neben den ins Heft eingebundenen Notenbeispielen oder Mitspielsätzen sind solche gelegentlich auch als Datensätze bzw. MIDI-Files auf den beigelegten CDs abgelegt.

Das Bausteinprinzip ermöglicht es den Lehrerinnen und Lehrern, Unterrichtsreihen in unterschiedlicher Weise und mit unterschiedlichen thematischen Akzentuierungen problemlos und variabel zu konzipieren.

Auf diese Weise erleichtern die Modelle die Unterrichtsvorbereitung und damit die Arbeit der Lehrerinnen und Lehrer.

Das vorliegende Modell richtet sich in erster Linie an die Sekundarstufe II, ist aber in Teilen auch in der Sekundarstufe I einsetzbar.

 Einzelarbeit

 Partnerarbeit

 Gruppenarbeit

 Unterrichtsgespräch

 Schreibauftrag

 Szenisches Spiel Standbild

 Hörauftrag (Musik hören)

 Hör- und Beobachtungsauftrag

 Zur Musik malen/Zeichnen

 Musizieren

 Besonders geeignet für die Sek. II

 Projekt, offene Aufgabe

 Hausaufgabe

 Textarbeit

 Arbeit am Notentext

 Zur Musik bewegen

Inhaltsverzeichnis

Vorüberlegungen zum Unterrichtsvorhaben 6

Konzeption des Unterrichtsmodells 8

Baustein 1: Musik – Raum – Sozialverhalten 11

1.1 Einführung: Sozialwissenschaftliche und psychologische Grundlagen 11

1.2 Übertragung auf die Musik 12

1.3 Psychologische Aspekte menschlichen Verhaltens im Raum 14
- Arbeitsblatt 1: Milgram-Studie in der New Yorker Subway 23
- Arbeitsblatt 2: Erkundung menschlicher Grenzen in der U-Bahn 25
- Arbeitsblatt 3: Der Griff ins fremde Territorium 26
- Arbeitsblatt 4: Verhalten im Raum 27

1.4 Das Thema Raumergreifung musikalisch betrachtet 18
- *Hörbeispiel 1: Arnold Schönberg: Begleitmusik zu einer Lichtspielszene, op. 34*
- *Hörbeispiel 2: Kayan Kalhor: Blue as the Turquoise Night of Neyshabur*
- Arbeitsblatt 5: Mark Rothko 28
- Arbeitsblatt 6: Peter Lanyon 29
- *Hörbeispiel 3: Tobias Kintrup und Fabian Prolingheuer: Vertonung von „Subway" (Rothko)*
- Folie 1: Mönch und Horizont 30
- Folie 2: Mosaik 31

Baustein 2: Musik und Raum im 20. Jahrhundert 32

2.1 Veränderung des Raum-Zeit-Begriffs 32
- Arbeitsblatt 7: Raum und Zeit 42
- Arbeitsblatt 8a/b: John Cage: Variation IV 43
- *Hörbeispiel 4: Ludwig van Beethoven: Klaviersonate op. 109*
- Folie 3: Ludwig van Beethoven: Klaviersonate op. 109 (Noten) 45
- *Hörbeispiel 5: Claude Debussy: Prélude Nr. VIII, Bd. II („Ondine")*
- Folie 4: Claude Debussy: Prélude „Ondine" (Noten) 46
- *Musikbeispiel: Erik Satie: Gymnopédie Nr. 3*
- *Hörbeispiel 6: Steve Reich: Drumming*
- Arbeitsblatt 9: John Cage: A Room 47
- *Hörbeispiel 7: Claude Debussy: La cathédrale engloutie*
- *Hörbeispiel 8: Ludwig van Beethoven: Klaviersonate f-Moll op. 2 Nr. 1*
- *Hörbeispiel 9: John Adams: Short Ride in a Fast Machine*

2.2 Erik Satie 36
- Arbeitsblatt 10: Erik Satie: Le bain de mer 48
- *Hörbeispiel 10: Erik Satie: Sports et divertissements. Le bain de mer*
- *Hörbeispiel 11: Erik Satie: Musique d'ameublement*

2.3 Aaron Jay Kernis und Heinz Weber 40
- Folie 5: Aaron Jay Kernis: Invisible Mosaic III 49
- *Hörbeispiel 12: Aaron Jay Kernis: Invisible Mosaic III*
- *Hörbeispiel 13: Heinz Weber: TRAM S ATLANTIK*

Baustein 3: Klangkunst 50

3.1 Klangkunst – Performance – Klanginstallationen 50

3.2 Christina Kubisch: Electrical Walks 51
- Arbeitsblatt 11: Christina Kubisch: Raum-, Licht- und Klangkunst 60
- Arbeitsblatt 12: Christina Kubisch: Electrical Walks 61
- *Musikbeispiel: Christina Kubisch: Electrical Walks*

3.3 Robin Minard 55
- *Hörbeispiel 14: Robin Minard: Music for Quiet Spaces*
- Folie 6: Robin Minard: Music for Quiet Spaces 62
- Arbeitsblatt 13: Robin Minard – Öffentlicher Raum, Klang, Natur 63
- Folie 7: Robin Minard: Brunnen 64

Bautein 4: Raumkompositionen mit sozialer Aktion 65

4.1 Christian Wolff 65
- Arbeitsblatt 14: Zum Komponisten Christian Wolff 75
- Arbeitsblatt 15: Christian Wolff: Edges 76
- Arbeitsblatt 16: Groundspace or Large Groundspace 77

4.2 Diether de la Motte: „Musik bewegt sich im Raum", „Begegnungen" 68
- Arbeitsblatt 17: Musik bewegt sich im Raum 78

4.3 Dieter Schnebel: „visible music", Musik zu Kafka, „Schulmusik" 71
- Arbeitsblatt 18: Dieter Schnebel 79
- Arbeitsblatt 19: Dieter Schnebel: visible music 80
- Folie 8: Dieter Schnebel: Raumformationen 81

Baustein 5: Klangbewusstsein – Raumbewusstsein – soziale Verantwortung 83

5.1 Murray Schafer: Soundscape und Klangbewusstsein 83
- Arbeitsblatt 20: Murray Schafer: Anleitung für ein neues Hören 93
- *Musikbeispiel: Woody Guthrie: This Land Is Your Land*
- *Hörbeispiel 15: Murray Shafer: Here the Sounds Go Round*
- *Hörbeispiel 16: Murray Shafer: Horns and Whistles*
- *Hörbeispiel 17: Leonardo Fiorelli: Gris*
- Arbeitsblatt 21: Gerhard Richter: Grau 94

5.2 Phil Glass: Koyaanisqatsi 90
- *Hörbeispiel 18: Phil Glass: Clouds (Koyaanisqatsi)*
- *Hörbeispiel 19: Phil Glass: Resource (Koyaanisqatsi)*
- Arbeitsblatt 22: Minimal Music zum Film spielen 95

Literaturverzeichnis 96

CD- und Musikquellenverzeichnis 97

Vorüberlegungen zum Unterrichtsvorhaben

In diesem Beitrag werden relativ komplexe Themenstellungen behandelt. Einerseits geht es um die Musik selbst: Wie werden räumliche Komponenten in der Musik zum Ausdruck gebracht? Treffen an bestimmten Punkten objektive Bedingungen und künstlerische Imagination zusammen? Lassen sie sich für den Rezipienten immer eindeutig nachvollziehen? Dieser Teil lässt sich anhand von Kompositionen und Aussagen der Komponisten, nicht aber zuletzt anhand von Höreindrücken aufseiten der Rezipienten relativ gut darstellen.

Der nächste Themenkomplex ist schwieriger: Sozialverhalten in Raum und Musik. Ist unser soziales Verhalten durch Räume bestimmt? Wie gehen wir mit Abgrenzungen um? Geben wir Raum oder nehmen wir Raum? Was wird dabei bei unseren Interaktionspartnern ausgelöst? Nehmen wir an, es gibt den akustischen Raum, und stellen wir dabei dieselben Fragen, so stoßen wir auf ganz aktuelle alltägliche Probleme, wie: Stört es meinen Tischnachbarn, wenn ich im Restaurant laute Gespräche führe? Muss ich dabei einen gewissen Abstand halten, sollte ich etwa leiser sprechen? Woran merke ich, dass mein Nachbar, Kollege oder Interaktionspartner sich nicht gestört fühlt. Das Gleiche gilt beim Musikhören in öffentlichen oder auch in privaten Räumen, solange wir nicht mitten im Wald leben.

Zunächst wird es befremdlich erscheinen, dieses an zweiter Stelle genannte Thema als Gegenstand für den Musikunterricht zu deklarieren. Andererseits erscheint dies als eine drängende Aufgabe: Fragen der gegenseitigen Rücksichtnahme, auch der ethischen Erziehung sind virulent und auch an das Erziehungssystem adressiert. Aber auch vonseiten der Lehrerschaft hört man vermehrt Klagen über den Lärm im Klassenzimmer, die mangelnde Konzentrationsfähigkeit von Schülern und vielerorts ein nicht mehr tolerierbares Verhalten.

Demnach ist es an der Zeit, soziales Verhalten als Unterrichtsfach oder Bestandteil von Unterrichtsvorhaben zu verankern. Es gab in den Siebzigerjahren einen ersten Versuch, emotionale Lernziele zu klassifizieren.[1] Die unterste Stufe des damals erstellten Klassifikationsmodells war die „awareness", schlicht: Aufmerksamkeit. Dies klingt relativ einfach, ist aber heute oft schon durch die permanente Reizüberflutung für viele Menschen nicht mehr selbstverständlich. Man schaltet auf Durchzug, um sich zu schützen. Außerdem sollte diese soziale Aufmerksamkeit bzw. Wachheit schon ganz früh angelegt werden. Wenn aber die Vorbilder der heutigen Kinder, die Eltern und Freunde selbst dazu nicht mehr in der Lage sind? Wenn alle sich übertreffen, die Ohren zu verschließen statt sie zu öffnen?

Seit einigen Jahren gibt es einen in der Universität Gießen neu etablierten Forschungszweig: das Bender-Institute of Neuroimaging.[2] Regelmäßiges Training der Bündelung von Aufmerksamkeit verändert das Selbstbild, Krankheitsverläufe, aber auch soziale Beziehungen (Andrew Newberg, University of Pennsylvania).[3] Was lange Zeit als unwichtig und vielleicht sogar eher von privatem Interesse galt, rückt mehr und mehr in den Blickpunkt der Psychologie, Sozialwissenschaft und Philosophie.

---

[1] David R. Krathwohl, Benjamin Bloom, Bertram B. Masia: Taxonomie von Lernzielen im affektiven Bereich, Weinheim und Basel (Beltz) 1975, S. 104 f.
[2] Ulfried Geuter: Achtsamkeit – das Mittel gegen den Alltagsstress. In: Psychologie heute, Weinheim (Beltz) 2008, 21 f.
[3] Ebd.

Wenn diese Arbeit nur einen kleinen Beitrag leisten kann, mehr aufeinander einzugehen und soziale Kontakte zu pflegen in einer mediatisierten Welt, die mehr den indirekten Kontakt favorisiert, hat dieses Buch seinen Zweck erfüllt. Es möchte den jungen Menschen Augen und Ohren öffnen, um ihre Umwelt bewusster einzuschätzen und nicht zuletzt einen Beitrag leisten, künstlerisches und ästhetisches Denken möglichst lebensnah und nicht nur für elitäre Gruppen zugänglich zu machen. Auch möchte es auffordern, durch aktives Handeln äußere Formen unseres Zusammenlebens in eine positive Richtung zu verändern.

Konzeption des Unterrichtsmodells

Als Zielgruppe ist in erster Linie an die Sekundarstufe II gedacht. Die Einheiten sind allerdings zum Teil auch in der Sekundarstufe I erprobt worden und dort auch einsetzbar.
„Räumliche Strukturen müssen [...] im Handeln verwirklicht werden, strukturieren aber auch das Handeln."[1]
Der vorliegende Beitrag möchte den Schülerinnen und Schülern ein ästhetisches und soziales Grundwissen vermitteln. Es geht dabei um existenzielle Fragen der gegenwärtigen Gesellschaft, ihr Wertesystem, ihre Normen und deren Verbindlichkeit für soziales Handeln. Dabei stehen Fragen der Erziehung im Vordergrund und die Suche nach Möglichkeiten, das Bewusstsein für Verantwortlichkeit und soziales Mitgefühl zu stärken. Eng damit verbunden ist die Intention, ästhetisches Feingefühl zu fördern, neugierig zu machen für Kunst im weitesten Sinne, ein Netzwerk von musikalischen und künstlerischen Querverbindungen im Kontext der Entwicklung der Künste im 20. Jahrhundert bis heute zu vermitteln.
Beides, sowohl die sozialen Komponenten als auch die künstlerischen Ideen, soll im vorliegenden Buch aufeinander abgestimmt werden. Nicht immer lassen sich ästhetische Überlegungen unmittelbar in soziales Verhalten umsetzen oder in eine direkte Beziehung dazu bringen. In den einzelnen Bausteinen werden deswegen schwerpunktartig die einen oder anderen Aspekte besonders hervorgehoben. Dabei haben die künstlerischen Konzeptionen Priorität. Die Schüler sollen sie als solche erst einmal verstehen und dann in einen größeren sozialen und gesellschaftlichen Zusammenhang einordnen.
Soziales Verhalten wird in der heutigen Zeit angesichts der Übermacht der Medien und einer zunehmenden Verrohung sozialer Grundwerte ein immer dringlicheres Problem. Wahrnehmung des anderen, aber auch Selbstwahrnehmung werden als Grundlage zwischenmenschlicher Interaktion angesehen. Ohne diese Selbst- und Fremdwahrnehmung ist kein soziales Verhalten möglich. In der Empathie-Forschung werden beide Fähigkeiten in ihrer Wechselwirkung als Grundlage zwischenmenschlichen Verhaltens anerkannt. Diese Wahrnehmung kann durch ästhetische Erziehung beeinflusst werden.
Eine der ästhetischen Grundfragen ist die Rolle des Rezipienten in der zeitgenössischen Musik und Kunst. Wie kommt es, dass er sich von der passiven Rolle zu einem aktiven Gestalter wandelt? Wer hat diese Prozesse angestoßen und wie werden sie in der gegenwärtigen Musik und Kunstszene umgesetzt? Ist die Kunst nur für eine Elite da oder berührt sie uns alle? Wie nimmt der Künstler Räume wahr, wie setzt er sie in Musik um? Wie möchte er auf die Wahrnehmung des Hörers einwirken?
Immer wieder tauchen Namen wie Satie und Cage auf und verbinden die einzelnen Bausteine inhaltlich miteinander. Sie machen bewusst, dass kein Künstler nur für sich selbst gesehen werden kann, sondern jeder künstlerische Gedanke nur auf einer Folie geschichtlicher Hintergründe, Kontexte und Entwicklungen zu verstehen ist.

Baustein 1
Im ersten Baustein werden psychologische und sozialwissenschaftliche Grundlagen für den Umgang mit Raum vorgestellt. Die Schülerinnen und Schüler erfahren, dass Grenzüberschreitungen immer zu Konflikten führen, auch oder besonders da, wo sie „nur" psychologischer Natur sind. Sie lernen, sich selbst und andere in Situationen, wo es um territoriale Ansprüche, die oft mit Machtgebaren verbunden sind, bewusst wahrzunehmen. Sie erhalten Einsicht durch experimentelle Versuche, wie diese Konflikte durch Wahrnehmung des anderen vermieden werden können. Diese Grundlagen werden auf musikalische Bereiche übertragen. Die Schüler werden sensibilisiert, dass wir die akustische

---
[1] Martina Loef 2001, 172.

Glocke, die uns umgibt (Liedke), selbst beeinflussen können. Sie werden auf die Grenzbereiche aufmerksam gemacht. Dazu wurden Spiele mit Handys entwickelt, die jederzeit ausgebaut werden können. Es geht um Raumgeben und Raumnehmen. Enge und weite Räume und ihr Einfluss auf unsere Befindlichkeit werden vorgestellt. Die Schüler erfahren an einem Bild von Rothko, wie bedrohlich enge Räume auf Menschen wirken können, und setzen dieses in Musik um. Der weite Raum und die Aufhebung der Schwerkraft werden an einem Bild von Lanyon deutlich gemacht. Auch hier finden die Schüler eine musikalische Entsprechung.

Baustein 2
Im zweiten Baustein wird die Veränderung des Raumempfindens im Zusammenhang mit der Veränderung des Zeitempfindens seit der Wiener Klassik in Kurzform dargestellt. Der lineare Zeitbegriff und der zyklische Zeitbegriff werden einander gegenübergestellt. Die zyklische Form der Zeit zieht ein verändertes Raumempfinden nach sich. Dieses wird bei den Minimalisten am offensichtlichsten. Bei John Cage findet die Integration des Raumes als neue musikalische Dimension ihren radikalsten Ausdruck. Die Schülerinnen und Schüler können dies an seinem Stück „Variation IV" selbst nachvollziehen.
Satie wird als Komponist der Jahrhundertwende herausgegriffen. Er gilt als einer der ersten Komponisten, der Musik und Raumvorstellungen auf originelle Weise miteinander verbunden hat. Die Schüler lernen die erste multimediale Komposition „Sports et divertissements" kennen. Sie denken sich eigene Assoziationen zu „Le bain de mer" aus und finden heraus, wie sich Raum und Musik im Stück „Musique d'ameublement" ergänzen. Sie versuchen, ein eigenes Stück dieser Art zu erfinden.
Danach wird ein Komponist unserer Zeit vorgestellt, der die bei Satie vorgestellten Gedanken weiterentwickelte. Es handelt sich um Aaron Jay Kernis, der den Eindruck der Mosaiken von Ravenna in Musik umsetzte.

Baustein 3
In diesem Baustein werden neue Kunstformen wie Klangkunst und Klanginstallationen vorgestellt. Hierbei sind vor allem Künstler von Interesse, denen die aktive Teilnahme der Zuhörer an ihrem Werk etwas bedeuten. Diese sogenannte Interaktive Klangkunst wurde von Christina Kubisch weiterentwickelt. Kunst findet nicht mehr im Elfenbeinturm statt, sondern wird mit Städten und Landschaften verknüpft. Dabei stehen für Christina Kubisch die Änderung der Wahrnehmungsfähigkeit und eine damit einhergehende Bewusstseinserweiterung im Mittelpunkt ihrer künstlerischen Arbeit. Visuelle und akustische Phänomene werden in ihrer Kunst gleichermaßen berücksichtigt. Dabei konzentrierte sie sich immer mehr auf die Hörbarmachung von elektromagnetischen Feldern, die sie in ihren „Electrical Walks" nachvollziehen lässt.
Danach wird der kanadische Künstler Robin Minard eingeführt. Seine Werke verbinden Natur, Technik und Raumgestaltung. Klänge artikulieren Räume. Räume werden durch Farben, Formen und Klanggestaltung neu konzipiert und erlebbar gemacht. Die Rezipienten erfahren komponierte Raumklänge in einer wohldosierten und kompatiblen Form, die sich positiv mit den sonst störenden Umweltgeräuschen verbinden. Dies ist eine gerade für Schüler interessante neue Art, sich mit Kunst auseinanderzusetzen, da diese nicht mehr nur auf Konzertsäle beschränkt bleibt, sondern die weitere Umgebung eines jeden von uns mit einbezieht. Kunst wird in gewissem Sinn politisch, oder umweltpolitisch und bekommt einen sozialen Appell.

Baustein 4
In diesem Baustein werden drei Komponisten des zwanzigsten Jahrhunderts vorgestellt, denen es um eine demokratische Grundeinstellung beim Musikmachen geht und die sich um die Einbeziehung von Raumkonzepten bemühten. Diese sozialen Beziehungen können

sich auf die Relation Komponist – Interpret oder Komponist – Publikum oder Komponist – Interpret – Publikum beziehen. Neue Freiräume werden geschaffen, die eine Mitsprache und Interaktion von Musikausübenden und Komponisten erlauben oder den Einbezug des Publikums möglich machen.

Die Schülerinnen und Schüler sollen diese Komponisten kennenlernen und an exemplarischen Beispielen ihres Schaffens diese Freiräume selbst mitgestalten. Darüber hinaus werden sie ermutigt, eigene Werke nach den vorgestellten Modellen zu schaffen. Sie lernen unterschiedliche Arten der grafischen Notation kennen, sodass sie in die Lage versetzt werden, selbst solche Zeichen zu entwickeln. Kreativität und ästhetische Erfahrung werden gleichermaßen gefördert.

Zunächst wird ein amerikanischer Komponist und Cage-Schüler vorgestellt: Christian Wolff. „Edges" ist ein Werk, welches Markierungen im Raum notiert genauso wie Notationen musikalischer Art. Die Schüler erhalten Anregungen, selbst solche Werke zu komponieren. Aus einer Sammlung von Werken, der „Prose Collection", lernen sie das Werk „Groundspace" kennen. Sie führen das Stück auf und diskutieren über das soziale Verantwortungsbewusstsein von Künstlern und Kunst. Danach lernen sie den deutschen Komponisten Diether de la Motte kennen. Auch er meint es ernst mit dem Abbau elitärer Einstellungen beim Musikmachen. Seine Konzeption „Musik bewegt sich im Raum" ist sowohl für Musiker als auch für musikalische Laien komponiert. Die Schüler führen das „Wanderlied" und „Begegnung" auf. Auch hier bekommen sie zahlreiche Anregungen, selbst ähnliche Stücke zu entwerfen und zu realisieren. Als dritter Komponist wurde Dieter Schnebel ausgewählt. Er hat durch langjährige Arbeit als Pädagoge an Schulen, Hochschulen und mit festen Ensembles seine demokratische Grundhaltung und seine Experimentierfreude unter Beweis gestellt. Wie ein guter Lehrer lässt auch er sich von den Ideen seiner Schüler inspirieren und räumt ihnen den entsprechenden Freiraum in vielen seiner Stücke ein. Hier werden die Schülerinnen und Schüler mit Notationen und ihren Lesarten konfrontiert. Ausgewählt wurden die Stücke „visible music" und „Schulmusik". Die Schüler lernen Modelle kennen, die sich direkt auf die Ausführungen in Baustein 1 beziehen lassen. Sie erhalten die Möglichkeit, selbst Interaktionsmodelle in Musik bzw. musikalische Aktionen umzusetzen.

Baustein 5
Im letzten Baustein werden viele Bezüge zu den vorangegangenen Bausteinen hergestellt. Die bei Christina Kubisch im Baustein 3 vorgestellten „Electrical Walks" werden nun auf ihren Ursprung, die Idee der Soundscapes von Murray Schafer zurückgeführt. Der Kanadier forderte eine neue Form des Hörens, die vor allem auch die täglichen Umweltgeräusche mit einbezieht. Er entwickelte zahlreiche Übungen zur Sensibilisierung des Hörens, die zu einem neuen Klangbewusstsein führen sollte und letztendlich zu einer bewussten Mitgestaltung unserer akustischen Umwelt.

Im letzten Teil dieses Bausteins steht ein Film im Mittelpunkt. Bilder und Musik wirken hier einzigartig zusammen. Es geht um den Raum Erde und unsere Verantwortung für die Erhaltung der Natur. Nachdem in den vorangegangenen Bausteinen ein starker Akzent auf das Hören von Musik gesetzt wurde, steht hier das Visuelle zumindest gleichberechtigt im Fokus der didaktischen Umsetzung. Es soll zu Ausschnitten aus dem Film „Koyaanisqatsi" mit der Filmmusik von Phil Glass gemalt werden, einmal zu dem Ausschnitt „Clouds" dann zu dem Ausschnitt „Resource" oder „Natur aus dem Gleichgewicht" (wobei der Mensch als Teil der Natur betrachtet wird, nicht als über sie erhaben).

Die Schülerinnen und Schüler können versuchen, selbst Musik zu den gezeigten Filmausschnitten zu produzieren.

Baustein 1

Musik – Raum – Sozialverhalten

1.1 Einführung: Sozialwissenschaftliche und psychologische Grundlagen

Verhalten im Raum ist in den meisten Fällen ein unbewusster Vorgang. Das Verhaltensrepertoire eines jeden Einzelnen wird von frühester Kindheit durch Beobachtung und Nachahmung modellhafter Situationen angelegt. Wir eignen uns schrittweise Verhaltensweisen an, die langfristig automatisiert werden und in vergleichbaren später auftretenden Situationen abgerufen werden.[1] Diese Verhaltensweisen sind selbstverständlich durch kulturelle Einflüsse geprägt. So ist uns allen bekannt, dass in angelsächsischen Ländern zumindest für ältere Generationen das geduldige Warten in Schlangen vorbildlich funktioniert. Dagegen erfährt man nur zu oft im eigenen Kulturkreis Drängeln und Ungeduld sowie ein Verhalten, geprägt von einem kritisch zu hinterfragenden Egoismus. Das schnellere Vorwärtskommen ist ein trügerischer Gewinn, wenn als Preis dafür immer wieder auch soziale Verarmung und Isolation drohen.

Wie sehr Raumverhalten Grundlage sozialer Verhaltensweisen darstellt, zeigt ein Versuch von Milgram, der vor etwa 30 Jahren in der Subway New Yorks durchgeführt wurde. Die Studenten des berühmten Sozialpsychologen, der auch für seinen Test zur Autoritätshörigkeit weltbekannt wurde, sollten in der U-Bahn Mitfahrer um ihre Plätze bitten. Die Studenten litten dabei so sehr, dass sich manche weigerten, den Test durchzuführen. Also versuchte der Professor selbst, seinen Test anzuwenden. Er fühlte sich dabei so unwohl, dass eine Passantin schnell von ihrem Sitz aufsprang, weil sie dachte, der Professor würde gleich umfallen. Erstaunlich viele Passanten gaben ihren Sitz her, obwohl sich nicht festhalten ließ, wie sie sich dabei fühlten.

Ein anderer Versuch von Julius Fast, einem Forscher des nonverbalen Verhaltens, zeigt, dass wir uns immer den Platz mit anderen in zwei Hälften teilen. Er entdeckte dabei eine unsichtbare Linie, die den Zwischenraum von zwei Individuen aufteilt. Übertritt einer der Betroffenen diese Markierung, entsteht auf der Seite des „Bedrängten" ein immer mehr zunehmendes „Unwohlsein", welches in Ärger oder Wut umschlagen kann, je nach Temperament und Situation.[2]

Dass Raumverhalten ein ungeahntes Konfliktmaterial in sich birgt, lässt sich aus den Äußerungen verschiedener Wissenschaftler und Autoren ableiten. So schreibt Samy Molcho: „Ärger, beruflicher Ärger insbesondere, entsteht häufig aus Territoriumsverletzungen".[3] Territorium bezieht sich nach seiner Meinung entweder auf konkrete Räume wie z. B. Häuser, Zimmer, was sich ohne Weiteres auf öffentliche Räume wie Gärten, Raum im Aufzug, im Zug etc. ausdehnen lässt, und abstrakte Räume, wie Wissens- und Kompetenzzuständigkeiten. Er nennt als Beispiel Berufsstände, die ihr Wissen als Legitimation ihrer Macht demonstrieren. „Grafiker, Elektriker, Arzt halten diese Wissensgebiete besetzt wie Eingebo-

---

[1] Vgl. Albert Bandura: Sozial-kognitive Lerntheorie. Stuttgart (Klett) 1979, Hg. d. dt. Ausg.: Rolf Verres.
[2] Vgl. Julius Fast: Körpersprache. Reinbek (Rowohlt) 1971.
[3] Samy Molcho: Körpersprache als Dialog. München 1988, S. 62.

rene ihre Territorien."[1] Denken wir in der Medizin an die Grenzbereiche Schulmedizin und alternative Methoden, hat diese Einschätzung schon ihre Berechtigung. Auf Grenzverletzungen in all diesen Bereichen reagieren wir laut Molcho, als ob unserem Körper etwas zugefügt wurde.

Krisenherde entstehen seiner Meinung nach da, wo die Grenzen nicht klar gezogen sind und „Unsicherheit darüber besteht, wie weit unser Territorium reicht und wo das des anderen beginnt. [...] Die Emotion entsteht nicht unmittelbar aus der Situation, sondern sie ist Resultat der permanenten Grenzstreitigkeiten".[2]

Territorialverhalten lässt sich aber nicht nur in beruflichen Bereichen feststellen. Es durchzieht unser ganzes Leben. Jeden Tag befinden wir uns in nicht geklärten Raum-Situationen, in denen jeder meistens versucht, nur an seinen eigenen Vorteil zu denken und den besten und schnellsten Weg für sich zu ergattern. Dabei setzt der Mensch alle seine ihm zur Verfügung stehenden Strategien ein. Der Gewinner triumphiert, darf das aber nicht immer offen zeigen, der Verlierer ärgert sich, darf das aber auch nicht immer zum Ausdruck bringen.

Am fatalsten ist die Allianz Raumdominanz und Macht. Wie oft diese Kombination zum Schaden anderer eingesetzt wurde, braucht ganz sicher hier nicht eigens ausgeführt zu werden.

In der Erziehung spielt das Einhalten sozialer Regeln, das Wahrnehmen der anderen, die Berücksichtigung seiner Interessen eine fundamentale Rolle. Im Sandkasten gilt es, das Territorium des anderen zu respektieren. Übergriffe führen zu Rempeleien, Erzieher müssen eingreifen und das Kind auf die „unsichtbaren Grenzen" des Territoriums des anderen aufmerksam machen. Spielsachen, mit denen alle spielen wollen, werden zugeteilt, und es wird darüber gewacht, dass jedes Kind zu seinem Recht kommt und nicht nur der Stärkere, wie es vielleicht in der Natur sein mag. Gerade dieses so mühsam erlernte Sozialverhalten unterscheidet den Menschen vom Tier.

Gibt es eine Möglichkeit, die oben beschriebene Kette von internalisierten Erfahrungen bezüglich des Verhaltens im Raum auch noch im jugendlichen Alter zu beeinflussen? Hier soll zumindest der Versuch unternommen werden, Wege dazu aufzuzeigen. Der Weg des Umlernens ist, wie man aus der Psychologie weiß, schwer, aber durchaus möglich. Eine dieser Möglichkeiten ist das Erarbeiten von neuen Bewusstseinsinhalten. Durch neue bzw. bewusste Erfahrungen sollen die neuen Inhalte mit affektiven und experimentellen Spielsituationen gekoppelt werden, die die Grundlage für langfristiges Lernen darstellen.

1.2 Übertragung auf die Musik

In unserer heutigen Zeit geht der Respekt vor dem akustischen Raum, den ein Mensch braucht, mehr und mehr verloren. Die Menschen können das, was von außen an ihr Ohr dringt, nicht mehr selbst bestimmen. Es beginnt mit dem Arbeitsplatz, der Wohnsituation, der funktionalen Musik, mit der die Menschen überall in öffentlichen Räumen beschallt werden.

Auch rücksichtslose Handytelefonate, wo wir Zeugen von intimen Gesprächen gegen unseren eigenen Willen werden, nehmen immer mehr zu. Es gibt in der Öffentlichkeit eine akustische Glocke, die uns umgibt, wo immer wir auch gehen, auf die wir zunehmend den Einfluss verlieren. „Die einzelnen Bereiche der akustischen Glocke, denen wir ausgeliefert sind, werden immer zudringlicher und greifen uns immer stärker an, denn sie verstärken sich gegenseitig in ihrer Intensität [...]. Akustische Feinheiten, die unsere Großeltern noch wahrgenommen haben [...], können die meisten von uns schon gar nicht

---

[1] Ebd.
[2] Ebd.

mehr registrieren. Wir werden unter der akustischen Glocke für feine Reize immer abgestumpfter."[1]

Der Anspruch und das Recht, selbst über seine akustische Umwelt bzw. „Glocke" zu bestimmen und sich abzugrenzen gegen schädlichen Dauerlärm und permanente Reizüberflutung, ist weitestgehend unmöglich geworden. Oft ist sich der Mensch über das ihm zuträgliche Maß an akustischen Eindrücken gar nicht mehr bewusst.

In der Musikpädagogik sollte dieses Thema auch eine fundamentale Rolle spielen, da es „akustische Räume" gibt, an denen andere oft recht unfreiwillig partizipieren. Wie laut darf ich mit meinem Handy sprechen, wenn ich im Bus oder im Café inmitten von vielen Menschen sitze? Wo verläuft die unsichtbare akustische Grenze im Hörbereich? Lässt sie sich territorial festsetzen wie bei Julius Fast oder gar durch gemessene Dezibel?

Wie wenig jeder von uns sich selbst in entsprechenden Gruppensituationen wahrnimmt, lässt sich in einem Selbstversuch feststellen. Sobald eine Person in einer Gruppe agiert, vergisst sie die Relation der Gruppenlautstärke im Verhältnis zur Umgebung. Das gleiche Phänomen tritt auf, wenn wir mit Handys telefonieren. Wir nehmen nur noch den Gesprächspartner wahr, sprechen automatisch lauter und schalten die Umgebung aus unserer Wahrnehmung aus.

Es gibt verschiedene Möglichkeiten, den Mitmenschen zu signalisieren, dass man sie wahrnimmt: Das Gespräch könnte so kurz wie nötig gestaltet werden; die Stimme kann dabei bewusst leise sein. Man könnte sich einige Schritte entfernen, sodass die Betroffenen spüren: Er oder sie denkt an uns, nimmt auf uns Rücksicht. Sendet man diese Signale, so wird bei den Anwesenden kein Ärger aufkommen. Außerdem könnte man ihnen auch einen verständnisvollen Blick zuwerfen mit der Bedeutung: Ich fasse mich so kurz wie möglich.

Es scheint also besonders darauf anzukommen, zu signalisieren, dass ich die Territorialansprüche der anderen berücksichtige.

Das Gleiche gilt beim Musikmachen mit offenen Fenstern, oder beim Anstellen von Autoradios bei offenen Fenstern. Hier geht es darum, zu signalisieren, dass ich weiß, dass mein Musikgeschmack nicht der Musikgeschmack von jedermann ist. Hier geht es schon um ein ziemlich hochgestecktes Lernziel, die Toleranz der Präferenzen der anderen.

Eine langfristig angelegte Schulung zwecks Erreichung dieses ambitionierten Ziels ist anzustreben. Eine musikpädagogische Konsequenz könnte sein, nicht nur Stücke auszusuchen, die dem Geschmack der Schüler entsprechen, sondern sie auch dahin zu führen, einfach interessiert zuzuhören, ohne gleich im Vorfeld Urteile abzugeben. Man lernt ja auch nicht einen Menschen an einem Tag restlos kennen. Warum sollte das mit der Musik anders sein.

Offenheit, Toleranz und Bewusstsein unserer eigenen Belastungsgrenzen und nicht zuletzt die Rücksichtnahme auf die Mitmenschen sind die Ziele dieser ersten Unterrichtseinheit. Das wichtigste Anliegen ist, dass die Schüler die Grundlagen der menschlichen Interaktion und Kommunikation, die Einsicht, dass Verhalten im Raum die Qualität aller Beziehungen ausmacht, erfahren und bewusst damit umgehen. Diese fundamentalen Erkenntnisse werden im zweiten Teil des Bausteins auf den musikalischen Bereich übertragen.

Dafür wurden einige Versuche entwickelt, die jederzeit vom Lehrer variiert und erweitert werden können.

- Die Schülerinnen und Schüler sollen erfahren, dass es, wenn Menschen aufeinandertreffen, territoriale Ansprüche gibt, die bei grenzüberschreitendem Verhalten zu Konflikten führen.

---

[1] Rüdiger Liedke: Die Vertreibung der Stille – wie uns das Leben unter der akustischen Glocke um unsere Sinne bringt. München (Bärenreiter) 1996, 2. Aufl., 120f.

- Sie sollen lernen, die Raumbedürfnisse anderer zu respektieren, solange diese sich in angemessener Form verhalten. Dabei sollen sie ihre eigenen Raumansprüche bewusst wahrnehmen.
- Sie sollen lernen, diese in Konfliktfällen angemessen zu vertreten.
- Sie machen Erfahrungen mit eigenem und fremdem Raumverhalten.
- Sie sollen lernen herauszufinden, wo die imaginären Grenzlinien zwischen sich und anderen verlaufen.
- Sie lernen musikalische Parameter kennen, die Raumgefühl assoziieren lassen.

1.3 Psychologische Aspekte menschlichen Verhaltens im Raum

Heute gibt es mehr Kinder und Jugendliche, die an Konzentrationsstörungen leiden als zu früheren Zeiten. Fachleute führen diesen erschreckenden Befund, der auch zu Leistungsversagen in der Schule führt, auch auf die permanente Reizüberflutung unserer Zeit zurück. Viele Menschen haben das Gefühl für ihren eigenen Körper verloren oder aber für die Grenzen der Belastbarkeit durch äußere Reize wie beispielsweise durch Lärm. Die Untersuchungen von Harrer zeigten schon vor Jahren, dass Lärm auf unser Vegetativum wirkt, selbst wenn wir uns das nicht eingestehen. Dazu führte er Untersuchungen an der Universitätsklinik in Salzburg durch. Diese Untersuchungen ergaben, dass sich bei Lärm unsere peripheren Blutgefäße zusammenziehen, dass die Atmung flacher wird und dass der elektrische Hautwiderstand sich sofort ab einer bestimmten Lautstärke ändert.

Neuere Untersuchungen zeigen ein noch weitaus erschreckenderes Ergebnis. In einer Lärmstudie, die von Prof. E. Greiser aufgrund der Datenanalyse von 809 379 Versicherten durchgeführt wurde, konnte nachgewiesen werden, dass schon ein Lärmpegel von 48 dB genügt, um krankmachende Symptome hervorzurufen. Lärm wirkt schädigend auf das Immunsystem, trägt zur Entstehung von Allergien und Krebs bei. Dabei liegt dieser angegebene Wert weit unter der Disco-Norm und dem anfahrenden Auto.[1]

Da wir das Gefühl für die Dosierung an Lärm, die uns guttut, verloren haben, können wir oft die Hörgrenze unseres Hörraums nicht mehr wahrnehmen und gegen die Umwelt durchsetzen. Wir werden also, ohne dass wir es merken, pausenlos in unserer persönlichen Zone überreizt. Dies wird verstärkt dadurch, dass wir uns an anderen Gruppenmitgliedern orientieren und uns nicht trauen, uns gegen die Norm zu verhalten. So sieht es – künstlerisch ausgedrückt – in unserem Gehirn vermutlich oft aus wie auf Folie 2, S. 31 gezeigtem Bild.

Für einen ersten Zugang erhalten die Schüler und Schülerinnen das **Arbeitsblatt 1**, „Milgram-Studie in der New Yorker Subway", S. 23, dessen Text sie zunächst übersetzen. Vorgesehen ist hierbei Partnerarbeit, sodass sich die Schülerinnen und Schüler gegenseitig beim Textverständnis Hilfestellung leisten können.

Als Übersetzungshilfe benutzen sie die beigefügte Vokabelliste. Sind die Englischkenntnisse der Klasse nicht ausreichend, kann der Lehrer ein Exzerpt dieses Artikels herstellen, gegebenenfalls auch in deutscher Sprache. Alternativ dazu kann das **Arbeitsblatt 2**, „Erkundung menschlicher Grenzen in der U-Bahn", S. 24, verwendet werden.

1. Arbeiten Sie heraus, welche Bedeutung räumliche Territorien für Menschen haben.
2. Stellen Sie fest, welche Ursachen zu Konflikten in diesem Zusammenhang führen können.

---

[1] Bundesvereinigung gegen Fluglärm e.V.: Studie von Professor Eberhard Greiser: Lärm macht krank. Düsseldorf 29.6.2007, S. 2.

Baustein 1: Musik – Raum – Sozialverhalten

> **Territorien und ihre mögliche Bedeutung**
> - Soziales Verhalten in öffentlichen Räumen wird nach unbewussten Gesetzen geregelt.
> - Vermeidung von Chaos
> - Internalisierung vom Recht des anderen auf seinen Raum; extreme psychische Belastungen beim Übertreten dieser internalisierten Regel

Im Gespräch wird anschließend herausgearbeitet, dass Menschen bestimmte Territorien beanspruchen, die von den Mitmenschen normalerweise stillschweigend akzeptiert werden. Macht ihnen jemand ihr Territorium streitig, so sind Konflikte vorprogrammiert. Den Raum eines anderen zu akzeptieren bedeutet, ihn und seine Ansprüche zu akzeptieren. Es gibt Menschen, die ausgesprochen raumgreifend und gegenüber ihren Mitmenschen wenig rücksichtsvoll agieren. Oft besteht ein Zusammenhang zwischen Raumanspruch und Macht.

- *Erinnern Sie sich an Situationen, wo jemand Ihnen den Platz weggenommen hat. Wie haben Sie darauf reagiert?*
- *Erinnern Sie sich an Situationen, wo jemand Ihnen einen Platz angeboten hat? Was haben Sie dabei empfunden?*

Die nachfolgenden Aufgaben werden als Hausaufgabe in Form einer Beobachtungsaufgabe über einen längeren Zeitraum vorgeschlagen.

- *Sie bekommen vier Wochen Zeit für folgende Aufgabe:*
  - *Schreiben Sie in einem Protokoll auf, welche Alltagsszenen Sie in der nächsten Zeit beobachten, in denen Menschen die territorialen Grenzen anderer oder auch Ihre eigenen übertreten. Notieren Sie genau die Reaktionen.*
  - *Welche Möglichkeiten gibt es, sich nach einer Grenzüberschreitung dem Partner gegenüber zu verhalten?*

In der Folge ist die Entwicklung von kleinen Szenen vorgesehen, in denen konstruktiv mit Raumansprüchen umgegangen wird.
Im Gespräch wird sich herausstellen, dass Schülerinnen und Schüler sich oft an Situationen erinnern, in denen Raumansprüche anderer verletzt wurden. Nun soll mithilfe von szenischen Spielen dargestellt werden, wie Konflikte um Raum konstruktiv gelöst werden können.

- *Denken Sie sich eine Situation aus, die Sie entweder selbst erlebt haben oder die andere Ihnen erzählt haben, in denen Grenzüberschreitungen positiv geregelt wurden.*
- *Denken Sie sich Situationen aus, in denen Sie anderen Raum geben oder aber Sie den Raum anderer achten.*

Die entwickelten Szenen werden szenisch umgesetzt und vorgestellt. Nicht immer verlaufen räumliche Abgrenzungen äußerlich sichtbar. Es gibt imaginäre Grenzverläufe, die sich aber durch Markierungen deutlich machen lassen. Auch im zweiten Teil, den akustischen Raumterritorien, spielen solche nicht sichtbaren Grenzverläufe eine Rolle. Da sie nicht sichtbar sind, meinen manche Menschen, könnte man sie auch einfach ignorieren. Aber wieder –

wie bei den anfangs genannten äußeren Territorien – gibt es auch bei den nicht sichtbaren im Falle der Grenzüberschreitung Konflikte und zusätzlich vor allem im Bereich des Hörens, psychosomatische Reaktionen bis hin zu Erkrankungen.

In der Einführung wurde in diesem Zusammenhang auf Samy Molcho verwiesen, der zwischen konkreten und abstrakten Territorien unterschied. Man könnte aber auch von direkten und psychologischen Grenzverläufen sprechen. Er verwies dabei besonders auf berufliche „Domänen", um einen Ausdruck Czysenkmihalys zu verwenden.

Im Alltag, insbesondere in gruppendynamischen Situationen, wie in Diskussionen, kommt es immer wieder vor, dass manche Menschen, ohne innezuhalten, das Wort ergreifen. Die Gesprächspartner werden dadurch in die Rolle der Zuhörer gedrängt, oft ohne dies zu wollen. In solchen „Raumsituationen" spielen musikalische Parameter wie Lautstärke und die Zeitdauer eine signifikante Rolle. Aber auch Gestik, Mimik, Prestige, Selbsteinschätzung einer Person tragen dazu bei, wie viel Raum sie in sozialen Interaktionen in Anspruch nimmt. Die **Arbeitsblätter 3**, „Der Griff ins fremde Territorium", S. 26, und **4**, „Verhalten im Raum", S. 27, vertiefen die Thematik *Raumergreifung* und bieten konkrete Szenarien und Thesen, die spielerisch und reflektionsorientiert mit dem Thema umgehen lassen.

Die Schülerinnen und Schüler werden im Folgenden mit dem Sachverhalt unbotmäßiger „Raumergreifung" vertraut gemacht und erhalten **Arbeitsblatt 3**, „Der Griff ins fremde Territorium", S. 26.[1]

1. Lesen Sie folgenden Text von Julius Fast durch und machen Sie sich Notizen über einen ähnlichen Vorgang, der Ihnen oder Ihren Freunden widerfahren ist, vielleicht sogar in der Schule.

2. Warum sagt der Verhörte nicht: „Bitte kommen Sie mir nicht so nahe, ich fühle mich bedrängt?"

Die Aufgaben dienen als Vorbereitung für ein szenisches Spiel. Zwei Schüler bekommen vom Lehrer Anweisungen, ohne dass der Rest des Kurses davon Kenntnis erhält. Die Instruktion an die beiden Akteure lautet:

■ *Setzen Sie sich an einen gedeckten Tisch. Stellen Sie sich vor, Sie sind zum Geschäftsessen im Restaurant verabredet. Stellen Sie das gemeinsame Essen möglichst realistisch dar!*

Einer von beiden erhält folgende Zusatzinstruktion:

■ *Während des Essens schieben Sie Ihr Geschirr nach und nach in den Bereich des anderen. Vorher stellen Sie sich eine imaginäre Trennlinie vor, die sukzessive überschritten und verletzt wird. Achten Sie auf die Reaktion Ihres Kollegen/Spielpartners.*

Es wäre schön, wenn einige Requisiten zur Verfügung stehen würden: neben Tisch und Stühlen noch zwei Gedecke, vielleicht auch eine Tischdecke. Größere Realitätsnähe wäre zu erzielen, wenn es tatsächlich eine Kleinigkeit zu essen gäbe. Die Beobachtungsaufgabe für die Klasse lautet:

■ *Beobachten Sie genau, was passiert, während sich diese beiden Geschäftspartner unterhalten.*

---

[1] Dieses Spiel hat sich ein Psychiater ausgedacht, der sein Experiment mit einem ahnungslosen Kollegen während eines Fachkongresses ausprobierte. Nachzulesen bei Julius Fast: Körpersprache. Reinbek 1993, S. 23.

Die Schüler versuchen herauszubekommen, was genau bei diesem Spiel auf nonverbaler Ebene vor sich geht. Die Ergebnisse lassen sich nur schwer vorherbestimmen. Trotz der bloßen Spielsituation kann sich der Eindruck des Bedrängtfühlens auf der einen Seite und der der rücksichtslosen Raumergreifung auf der anderen Seite einstellen und beides von außen beobachtet werden.

Das wird dann auch Thema des Unterrichtsgespräches sein. Zunächst wird der oder die, dessen/deren Raum sukzessive angegriffen wird, um seine/ihre Befindlichkeit gefragt. Interessanterweise kommt bei manchen Ausführungen heraus, dass sich derjenige, der den Raum nehmen soll, dabei genauso unwohl fühlt wie der Geschädigte. Es wird mit Sicherheit weitere interessante Beobachtungen geben.

Nachdem in die Thematik spielerisch eingeführt wurde, machen sich die Schülerinnen und Schüler Gedanken darüber, durch welche Faktoren das Verhalten im Raum geprägt wird. Elf Thesen fokussieren jeweils einen Aspekt des menschlichen Raumverhaltens. Die einzelnen Thesen werden auf jeweils ein Blatt geschrieben und an die Schüler verteilt bzw. jeder Schüler überträgt die Thesen auf elf Blätter und nimmt dazu Stellung. Aus Gründen der Arbeitsökonomie und der vertiefenden Auseinandersetzung ist es aber auch möglich, dass jedem Schüler nur jeweils eine ausgewählte These zwecks Beantwortung übertragen wird. Dabei ist darauf zu achten, dass alle Thesen bearbeitet werden. Natürlich werden dabei einzelne Thesen – je nach Kursgröße – mehrfach vergeben. Die Thesen werden hierfür zuvor an der Tafel vermerkt, verlesen oder es wird das **Arbeitsblatt 4**, „Verhalten im Raum", S. 27, ausgeteilt.

Jeder versucht nun, einen bestimmten Aspekt des Verhaltens im Raum herauszuarbeiten. Anschließend werden die einzelnen Ergebnisse vorgestellt und miteinander in Beziehung gebracht.

Thesen zum Verhalten im Raum und zur Raumwahrnehmung

1. Raumwahrnehmung und soziales Verhalten im Raum sind Resultat von Erziehung.
2. Der Umgang mit Raum lässt sich geschlechtsspezifisch erklären.
3. Der Umgang mit Raum hängt mit Machtausübung zusammen.
4. Der Umgang mit Raum ist ein Relikt aus dem Verhaltensrepertoire von Primaten.
5. Der Umgang mit Raum ist ein Ergebnis von Sozialisation.
6. Der Umgang mit Raum wird je nach sozialer Herkunft unterschiedlich geregelt.
7. Der Umgang mit Raum hängt mit der Selbsteinschätzung einer Person zusammen.
8. Sympathie und Antipathie bestimmen die Nähe oder Distanz zu anderen.
9. Raumverhalten ist eine Frage der sozialen Intelligenz.
10. Raumbedürfnis ist der Ausdruck von Freiheit und Unabhängigkeit.
11. Menschliche Beziehungen werden durch Raumverhalten bestimmt.

1. Sammeln Sie Argumente für die Ihnen vorliegenden Thesen. Sie können sich auch kritisch dazu äußern, müssen dies dann aber begründen.

2. Finden Sie selbst Alternativen oder ergänzende Möglichkeiten zu den vorliegenden Thesen.

Die Thesen werden auf Plakate übertragen und die Antworten der in Stillarbeit bearbeiteten Thesen auf diesen gesammelt und gemeinsam diskutiert. Das **Arbeitsblatt 4** bietet darüber hinaus zwei Stellungnahmen zu den Thesen 2 und 7. Diese können im Zusammenhang mit den in Stillarbeit behandelten Stellungnahmen gemeinsam besprochen werden.

1.4 Das Thema Raumergreifung musikalisch betrachtet

Das Thema „Nähe" und „Ferne" und die Abgrenzung im Raum lässt sich auch musikalisch erfahren und dabei das eigene Raumbedürfnis erkunden.
Der Lehrer kann hierzu ein beliebiges rhythmisches Musikstück auswählen, das zum Bewegen animiert. Denkbar wäre z. B. das Stück „Future Shock" von Herbie Hancock. Aber auch ein anderes sehr rhythmisch geprägtes Stück erfüllt denselben Zweck.
Die Gruppe stellt sich im Raum auf (Tische und Bänke sollten möglichst an die Seite gestellt werden). Zur Musik bewegen sich die Schülerinnen und Schüler frei im Raum. Vorab erhalten sie die Anweisung:

- *Stoppt die Musik, bleiben Sie unmittelbar stehen. Betrachten Sie genau, wie groß der Abstand zu Ihrem nächsten Nachbarn ist. Beobachten Sie dabei, wer neben Ihnen steht.*

Nach einer kurzen Pause setzt die Musik wieder ein, und die Schülerinnen und Schüler sind gehalten, sich wieder im Raum zu bewegen. Abermals stoppt die Musik usw.

- *Vergleichen Sie den Abstand, den Sie beim zweiten Stopp zu Ihrem nächsten Nachbarn haben. Beobachten Sie wieder, neben wem Sie stehen.*

Nachdem den Schülerinnen und Schülern bewusst geworden ist, wie viel Raum wir für uns in Anspruch nehmen und unseren Anspruch mit dem der anderen verglichen haben, wird thematisiert, wie Enge und Weite von Räumen unsere Körpersprache beeinflussen. Die Raumerfahrung wird anschließend mit akustischen Eindrücken untermalt, wie das folgende Spiel „Enge Räume/weite Räume" verdeutlicht. Die Schüler werden dazu in Gruppen aufgeteilt.

- *Stellen Sie sich vor, Sie gehen durch einen engen, schmalen Pfad oder durch eine Menschenmenge. Gehen Sie durch den imaginierten Raum und verhalten Sie sich entsprechend.*

- *Stellen Sie sich vor, Sie treten auf eine lichtdurchflutete Wiese, der Raum öffnet sich. Gehen Sie durch den imaginierten Raum und verhalten Sie sich entsprechend.*

Körperhaltungen wie Gehhaltungen signalisieren in der Regel recht offenkundig das gewählte Raumbild. Die Schülerinnen und Schüler dürfen im Anschluss an diese szenische Realisation das von ihnen gewählte Raumbild in Musik umsetzen. Die Klangerzeuger oder Instrumente sind ihnen freigestellt.
Bei der Präsentation sind die nicht beteiligten Schülerinnen und Schüler angewiesen, sich zur Musik zu bewegen.
Danach reflektieren die Schüler, welche Parameter der Musik geeignet sind, enge Räume darzustellen und welche Parameter die Wirkung weiter Räume erzielen. Die Gruppenerfahrungen werden durch den Einsatz von zwei Musikbeispielen vertieft. Das erste Hörbeispiel wird für enge Räume verwendet, das zweite für weite Räume.

Baustein 1: Musik – Raum – Sozialverhalten

Hörbeispiel 1:	Arnold Schönberg: Begleitmusik zu einer Lichtspielszene, op. 34, Dauer: 2:34
Hörbeispiel 2:	Kayhan Kalhor: Blue as the Turquoise Night of Neyshabur, Dauer: 4:35

- *Notieren Sie, durch welche Faktoren die Wirkung eines engen Raumgefühls erzeugt wird. Stellen Sie zum ersten Hörbeispiel eine Kompositionsskizze her.*

- *Notieren Sie, durch welche Faktoren die Wirkung eines weiten Raumgefühls erzeugt wird.*

Eine Hörskizze, die 36 Sekunden der Musik abbildet, könnte folgendermaßen aussehen (es handelt sich hier um Näherungswerte im Gegensatz zu einer richtigen Partitur!).

Hörskizze:

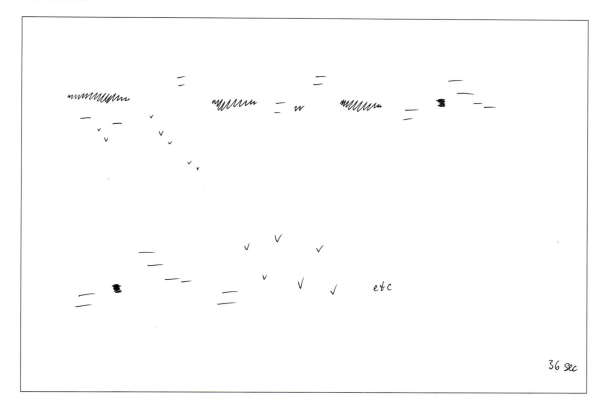

Die Schüler sollen anhand ihrer Verlaufsskizze die wichtigsten Klangmittel für die Wirkung eines engen Raumgefühls erarbeiten. Sie müssen diesen Abschnitt sehr oft hören, da das Aufzeichnen der Tonereignisse in der schnellen und differenzierten Abfolge sich kaum vom reinen Hören her festhalten lässt. Da bei Schönberg jeder Ton für sich steht, lassen sich die einzelnen Töne schwer zu übergeordneten Verlaufsformen zusammenfügen.

19

Baustein 1: Musik – Raum – Sozialverhalten

Ergebnis:

> **1. Hörbeispiel Schönberg (Drohende Gefahr, Angst, Katastrophe 1929)**
> - Tonhöhe: Beginn Streichertremoli mittlere Lage, Pizzicati tiefe Lage, kurze abgerissene Einwürfe der Bläser und Violinen eher hoch, oft weite Tonsprünge
> - Melodie: nicht erkennbar, 12-tönig, dissonant, Töne stehen eher für sich, isoliert
> - Klangdichte: hoher Komplexitätsgrad
> - Rhythmen (nach etwa 2 Min.): dicht konzipierte Klangfiguren, Triolen klingen wie Verfolgungsjagd, manchmal aggressiv wirkende Repetitionen
> - Harmonien: Dissonanzen
> - Klangfarben: Gleichberechtigung der rhythmischen Instrumente Klavier (Cluster) und Snare Drum, wirkt dadurch an manchen Stellen geräuschartig
>
> **2. Hörbeispiel Kalhor**
> - Tonhöhe, Klangschichten: Beginn tiefe bordunartige Klänge
> - danach Einsatz einer Violine mit klagender ausdrucksstarker Melodie, Cellostimme bildet eine mittlere Klangschicht
> - Kontrastwirkung durch die obere und untere Klangschicht (Vorder- und Hintergrund)
> - weite Raumwirkung
> - Melodie, weit ausholend, melismatisch (Eindruck eines unendlichen Raums)
> - Klangdichte: durch die horizontale Klangschichtung eher nicht sehr hoch
> - zu Beginn homophones Spiel der Instrumente (Eindruck von Verlorenheit und Weite)
> - exotische Instrumente (u. a. Santur, Kamancheh, Ney)
> - orientalische Tonskalen (Verstärkung des Eindrucks der Fremde)

Einen weiteren kreativen Zugang im Zusammenklang mit Musik zum Thema „Enge Räume/ weite Räume" bietet die Auseinandersetzung mit Bildern, dazu dienen die beiden **Arbeitsblätter 5 und 6**, S. 28 f.: Mark Rothko (Ohne Titel) und Peter Lanyon (Solo flight).[1] Vorbereitend zur musikalischen Umsetzung der Bilder von Rothko und Lanyon setzen sich die Schülerinnen und Schüler dabei mit folgenden Fragestellungen auseinander:

Zum Bild von Rothko hinführende Aufgaben:

1. Was bedeuten Ihrer Meinung nach die steil konzipierten Winkel in diesem Bild?
2. Wie wirken die Menschen, welche Atmosphäre strahlt dieses Bild aus?

Zum Bild von Lanyon hinführende Aufgaben:

1. Welche Assoziationen von Raum haben Sie beim Betrachten des Bildes?
2. Erscheint der Raum weit oder eng? Begründen Sie Ihre Sichtweise!
3. Drückt dieses Bild Bewegung oder Statik aus?

---

[1] Einige der in diesem Heft abgedruckten Bilder finden Sie als farbige Vorlage auf der Begleit-CD.

Für die musikalische Umsetzung der Bilder werden Gruppen gebildet. Die Schülerinnen und Schüler setzen sich zuvor damit auseinander, die Bildparameter in musikalische Parameter umzusetzen.

3. bzw. 4. Übersetzen Sie die Bildparameter in musikalische Parameter.
  a. Fertigen Sie zunächst eine Kompositionsskizze (grafische Partitur) an und achten Sie dabei vor allem auf diejenigen Faktoren, die enges (Rothko) bzw. weites (Lanyon) Raumgefühl assoziieren.
  b. Notieren Sie Instrumente, Dauer der Töne, Lautstärke etc.

Anschließend werden die eigenen Ergebnisse, nach der Präsentation im Plenum und ihrer konstruktiv-kritischen Würdigung im Unterrichtsgespräch, mit dem folgenden Hörbeispiel verglichen. Auch dazu sollen die Schülerinnen und Schüler ein Hörprotokoll erstellen. Auf einer Zeitleiste tragen die Schüler oberhalb derselben die Klangereignisse ein. Unter der Zeitleiste wird das Gehörte analysiert bzw. gedeutet.

Hörprotokoll
Ich höre:
Analyse:

■ Hören Sie sich folgende Vertonung des Bildes von Rothko von Tobias Kintrup und Fabian Prolingheuer an. Fertigen Sie dazu ein Hörprotokoll an. Analysieren Sie, wie die Enge des Tunnels musikalisch dargestellt wurde.

Hörbeispiel 3: Tobias Kintrup und Fabian Prolingheuer: Vertonung von „Subway" (Rothko), Dauer: 2:46

Die Beeinflussung durch Lärm oder zu laute Musik geschieht oft subkutan. Das heißt, das Bewusstsein und das Vegetativum gehen teilweise getrennte Wege. Oft meinen wir, etwas gar nicht zu hören, oder wir denken, dieser Lärm stört uns nicht, wir überhören ihn einfach. Unser Vegetativum überhört aber gar nichts. Harrer von der Universitätsklinik in Salzburg machte dazu schon in den Siebzigerjahren erstaunliche Versuche, die in Fachkreisen schon lange bekannt sind. Er stellte fest, dass ab einer Lautstärke von 65 Phon (etwa der Lärm eines anfahrenden Autos) vegetative Reaktionen des Körpers auftreten, unabhängig vom Bewusstsein. Bei längerer Dauer dieses Lärms können ernsthafte gesundheitliche Schädigungen die Folge sein. Bei Lautstärken über 95 Phon kann es zu Gehörschäden kommen, die manchmal irreversibel sind. Es lässt sich sozusagen von „akustischen Hörgrenzen" sprechen, die implizit wahrgenommen und oft überschritten werden. Diese sollen im Folgenden thematisiert werden.

Als nächstes szenisches Spiel zur Schulung der Wahrnehmung und Aufmerksamkeit im akustischen Bereich und zum Herausfinden der „akustischen Hörgrenzen" sollen sich die Schüler in eine Situation im Restaurant bzw. Café hineinversetzen. Bilden sich Gruppen in öffentlichen Räumen, so geht oft das Gefühl für den durch die Gruppe erzeugten Geräuschpegel verloren. Wo verlaufen die Hörgrenzen, das heißt, wann ist mein persönlicher Hör-Raum beschnitten? Wie kann man sich als Nichtbeteiligter in solchen Situationen verhalten? Dazu werden verschiedene Ansätze spielerisch geboten.

Baustein 1: Musik – Raum – Sozialverhalten

■ *Stellen Sie sich vor, Sie sind im Café. Es gibt eine Gruppe von Bekannten, die sich immer lauter unterhält. Das Café ist voll. Es bleibt nur ein Platz direkt neben dieser Gruppe und Sie wollen in Ruhe etwas lesen. Finden und spielen Sie mehrere Verhaltensmöglichkeiten, mit dieser Situation umzugehen. Versuchen Sie sich bewusst zu machen, wie Sie sich in dieser Situation fühlen.*

> **Vorschlag für mögliche Verhaltensweisen:**
> - die Betreffenden bitten, sich leiser zu unterhalten;
> - darauf hinweisen, dass man selbst gerne lesen möchte;
> - sich pantomimisch die Ohren zuhalten;
> - für kurze Zeit noch lauter reden als die Betreffenden etc.

Ergänzend wird folgende Hausaufgabe vorgeschlagen:

■ *Notieren Sie sich einen ganzen Tag lang, wie oft Ihr Hör-Raum bzw. die imaginäre Hörgrenze von anderen beschnitten bzw. überschritten wurde. Maschinenlärm gehört indirekt auch dazu.*

Diese Aufgabe dient dazu, deutlich zu machen, wie sehr die persönliche Lautsphäre, die persönliche Hörgrenze verletzt wird, ohne dass dies immer gleich als störend wahrgenommen wird. Dass solche Grenzverletzungen trotzdem Wirkungen zeitigen können, kann mit der folgenden Spielidee zumindest angedeutet werden. Es bildet sich eine Musikgruppe.
- Die Instrumente sind frei gewählt.
- Der Rest der Klasse wird aufgeteilt in eine Bewegungsgruppe und eine Beobachtungsgruppe.
- Die Spielgruppe einigt sich auf eine festgelegte Folge von drei Lautstärkegraden in bestimmter Reihenfolge (z. B. leise, laut, leise, mittel, laut).
- Die Schüler, die sich zur Musik bewegen, wissen das nicht. Sie stellen sich in einer Reihe auf und bewegen sich im Kreis nacheinander zu der Musik.
- Die Beobachter registrieren genau die Körperhaltung der Gehenden zu den jeweiligen Lautstärkegraden. Sie machen sich dazu Notizen.

■ *Beobachten Sie genau, ob sich die Körperhaltung analog zu den Lautstärkegraden verändert. Skizzieren Sie Ihre Beobachtungen.*

Ohne dass es der Bewegungsgruppe unbedingt bewusst geworden sein mag, verändern sich oft Bewegungen, signalisieren eine gewisse Hektik oder Nervosität, hervorgerufen durch Klang und Lautstärke.

Der Baustein wird mit **Folie 1**, „Mönch und Horizont", S. 30, und mit **Folie 2**, „Mosaik", S. 31, und folgender Aufgabe beschlossen:

■ *Angenommen, Sie möchten sich auf eine Arbeit konzentrieren, die Sie durchführen müssen, die eventuell bewertet wird, vielleicht ein Bewerbungsschreiben, vielleicht die Vorbereitung für eine Klassenarbeit. Welches der folgenden Bilder inspiriert Sie mehr, diese Arbeit durchzuführen. Begründen Sie Ihre Auswahl.*

Für die Schüler und Schülerinnen stehen nun zwei Folien zur Bearbeitung dieser Aufgabe zur Verfügung. Die Auseinandersetzung mit den Folien dient der persönlichen Reflexion. Die Antworten auf die Aufgaben sind nicht an dieser Stelle absehbar.

Milgram-Studie in der New Yorker Subway

Exploring the Social Boundaries of Subway Seating

By MICHAEL LUO

NEW YORK – Thirty years ago, they were wide-eyed, first-year graduate students, ordered by their iconoclastic professor, Dr. Stanley Milgram, to venture into the New York City subway to conduct an unusual experiment.

Their assignment: to board a crowded train and ask someone for a seat. Then do it again. And again. Students jokingly asked their professor if he wanted to get them killed.

But Dr. Milgram was interested in exploring the web of unwritten rules that govern behavior underground, including the universally understood and seldom challenged first-come-first-served equity of subway seating. As it turned out, an astonishing percentage of riders – 68 percent when they were asked directly – got up willingly.

Quickly, however, the focus turned to the experimenters themselves. The seemingly simple assignment proved to be extremely difficult, even traumatic, for the students to carry out.

"It's something you can't really understand unless you've been there," said Dr. David Carraher, 55, now a senior scientist at a nonprofit group in Cambridge, Massachusetts.

Dr. Kathryn Krogh, 58, a clinical psychologist in Arlington, Va., was more blunt: "I was afraid I was going to throw up."

More than three decades later, the memories are still surprisingly vivid, testimony perhaps to the trauma of their experience and an unintended postscript to a rare study on the delicate subway order.

Recently, a pair of reporters who set out to replicate the experiment struggled with similar inhibitions. The results were far from scientific, but, remarkably, 13 out of 15 people gave up their seats.

"Uh, O.K.," said one man, holding hands with his girlfriend, before getting up. "I've never heard that one before."

A construction worker sneered to a male reporter, "If you were a woman, then ..." He got up anyway.

Another woman, who sprang up from her seat, twice asked the reporter, who kept her eyes fixed on the ground, if she was O.K.

Dr. Milgram, who died in 1984 at age 51, suggested the experiment to one of his graduate student classes, but the students recoiled. Finally, one student, Ira Goodman, volunteered to try it with a partner. But instead of coming back after 20 trials as he had promised, Mr. Goodman returned with only 14. When Dr. Milgram asked him what had happened, he said that it was just too difficult.

Dismissing his students' fears, Dr. Milgram set out to try it himself. But when he approached his first seated passenger, he found himself frozen.

"The words seemed lodged in my trachea and would simply not emerge," he said in the interview. A few unsuccessful tries later, he managed to choke out a request.

"Taking the man's seat, I was overwhelmed by the need to behave in a way that would justify my request," he said. "My head sank between my knees, and I could feel my face blanching. I was not role-playing. I actually felt as if I were going to perish."

Dr. Milgram had developed a new interest in the psychology of urban life, especially in invisible social dictates that help maintain order but go largely unnoticed until they are violated.

Dr. Maury Silver, 59, now a visiting professor at Yeshiva University in New York, was not a regular student at the time, so he refused to take part in the experiment. Later, he and another student of

Dr. Milgram's, Dr. John Sabini, who went on to become the co-author of a paper on the experiment, were teaching a class together and asked their students to try the subway experiment themselves. Dr. Sabini, however, reminded his partner that he had skipped the experiment the first time around. Dr. Silver resolved to try it at least once.

"I start to ask for the man's seat," he said. "Unfortunately, I turned so white and so faint, he jumps up and puts me in the seat."

Dr. Harold Takooshian, another former student who is now a professor at Fordham University, also in New York said the experiment showed him how potentially explosive the cramped confines can be.

"Milgram's idea exposed the extremely strong emotions that lie beneath the surface," he said. "You have all these strangers together. That study showed how much the rules are saving us from chaos."

(The New York Times, 14. September 2004)

Vokabeln:

1. ordeal: Tortur, Martyrium
2. iconoclastic: wagemutiger
3. to venture: wagen
4. assignment: Anweisung
5. to challenge, hier: in Frage stellen
6. riders: Fahrgäste
7. focus, hier: Mittelpunkt des Interesses
8. to prove: sich erweisen
9. a nonprofit group: ein gemeinnütziger Verband
10. to be blunt: etwas frei heraus sagen
11. decade: Jahrzehnt
12. testimony, hier: ein Zeichen für …
13. postscript, hier: Hinterlassenschaft
14. inhibition: Hemmung
15. to sneer: spötteln
16. to recoil: zurückschrecken
17. to volunteer: sich anbieten
18. to dismiss: abweisen, fallen lassen
19. to logde: stecken bleiben
20. trachea: Luftröhre
21. to choke out: drosseln
22. a request: Bitte
23. to perish: umkommen
24. faint: schwach, ohnmächtig
25. cramped: überfüllt, vollgestopft
26. confine: Grenzen, Einschränkung

1. Arbeiten Sie heraus, welche Bedeutung räumliche Territorien für Menschen haben.

2. Stellen Sie fest, welche Ursachen zu Konflikten in diesem Zusammenhang führen können.

Erkundung menschlicher Grenzen in der U-Bahn

Vor etwa 30 Jahren führte Dr. Milgram Versuche in der New Yorker U-Bahn durch. Seine Studenten sollten in einer überfüllten U-Bahn jemanden um seinen Sitzplatz bitten. Die Studenten fragten ihn daraufhin, ob er vorhätte, sie umzubringen.

Der Verhaltensforscher war daran interessiert, herauszufinden, wie genau das ungeschriebene Gesetz des „Wer-zuerst-kommt-mahlt-Zuerst" funktionierte. Erstaunlicherweise stellte sich heraus, dass 68 Prozent der U-Bahnfahrer tatsächlich ihren Platz hergaben.

Bald jedoch stellte sich heraus, dass die Studenten sich durch den Versuch in eine Extremsituation begaben, die fast traumatisch für sie selbst wurde. Mehr als 30 Jahre später sind die Ergebnisse immer noch aktuell.

Das Experiment wurde kürzlich unter ähnlichen Voraussetzungen wiederholt. Immerhin gaben 13 von 15 Befragten ihren Sitz her. (Diese Ergebnisse sind natürlich nicht signifikant.)

„Oh," sagte ein Mann, der die Hand seiner Freundin hielt, „so etwas habe ich noch nie zuvor gehört." Ein Bauarbeiter spöttelte: „Wenn Sie eine Frau wären, dann ..." Eine andere Frau fragte zweimal nach, ob die Frau, die die Untersuchung durchführte, auch in Ordnung wäre.

Manche der Studenten von Milgram, der 1984 im Alter von 51 Jahren verstarb, weigerten sich, den Versuch durchzuführen. Eine seiner Studentinnen wollte 20 Versuche zusammen mit einem Partner

durchführen, schaffte aber nur 14. Es sei zu schwierig gewesen, sagte sie.

So versuchte Dr. Milgram selbst, einige Versuche durchzuführen. Er sagte, die Worte seien ihm in der Kehle stecken geblieben und er fühlte sich wie erstarrt.

Wenn er einen Platz einnahm, hatte er das Bedürfnis, seine Bitte um den Sitz mit einem entsprechenden Verhalten zu rechtfertigen: „Mein Kopf sank zwischen meine Knie und mein Gesicht wurde weiß. Ich hatte wirklich das Gefühl, umzufallen."

Ehemalige Studenten von Dr. Milgram weisen heute noch auf die Wichtigkeit dieser Experimente für das Sozialverhalten hin. Ein New Yorker Forscher meint dazu: Milgrams Versuch zeige, welch extreme Emotionen unter der Oberfläche brodeln. Diese Studie zeigt, wie sehr uns die Regeln vor Chaos bewahren.

1. Arbeiten Sie heraus, welche Bedeutung räumliche Territorien für Menschen haben.

2. Stellen Sie fest, welche Ursachen zu Konflikten in diesem Zusammenhang führen können.

Der Griff ins fremde Territorium

Beispiel: Chef und Sekretärin

„Ein Chef, der das Wissensgebiet seiner Sekretärin respektiert, wird sich leicht tun. [...] Indem er ihr sagt, was er jemandem schreiben will, auch durch Diktat, hat er seinen Teil getan. Wie sie die Briefe abfasst, bleibt ihre Sache. Hat die Sekretärin die Aufgabe, den Terminkalender abzustimmen, wird er ihr Informationen über Prioritäten geben, aber ihr Job ist es, die Termine zu vereinbaren. So werden Territorien respektiert."

(Aus: Samy Molcho, Körpersprache als Dialog © Mosaik by Goldmann Verlag, München, in der Verlagsgruppe Random House GmbH, 1988, S. 62f.).

„Der Griff ins fremde Territorium, dazu noch dominant mit dem Zeigefinger, erzeugt eine negative Reaktion. Der Partner zieht seine Hände von der gemeinsamen Basis (dem Tisch) zurück. Der Mund verschließt sich. Die offene Hand deutet auf das Blatt. Der andere begreift es als positive interaktive Geste."

(Aus: Samy Molcho, in: Alles über Körpersprache. Sich selbst und andere besser verstehen © Mosaik by Goldmann Verlag, München, in der Verlagsgruppe Random House GmbH, 2001, S. 31)

„Der Körper ist der Handschuh der Seele, seine Sprache das Wort des Herzens."

1. Lesen Sie folgenden Text von Julius Fast durch und machen Sie sich Notizen über einen ähnlichen Vorgang, der Ihnen oder Ihren Freunden widerfahren ist, vielleicht sogar in der Schule.

2. Warum sagt der Verhörte nicht: „Bitte kommen Sie mir nicht so nahe, ich fühle mich bedrängt?"

„Eine Broschüre über Verhöre und Geständnisse schlägt vor, dass der Polizist, der die Fragen stellt, ganz nahe beim Häftling sitzt und dass sich zwischen beiden kein Tisch oder anderes Hindernis befindet. Jedes Hindernis, so warnt die Broschüre, gibt dem Verhörten ein größeres Maß an Sicherheit und Selbstvertrauen. Die Broschüre rät ebenfalls, dass der verhörende Beamte, der zu Beginn des Verhörs vielleicht einen knappen Meter vom Häftling entfernt Platz genommen hat, ihm allmählich immer dichter auf den Leib rückt, bis sich im fortgeschrittenen Stadium des Verhörs schließlich ein Knie des Verhörten zwischen den beiden Knien des Befragers befindet.
Diese physische Invasion des Kriminalbeamten in die persönliche Zone des Verhörten hat sich in der Praxis als außerordentlich nützlich erwiesen. Wenn die Verteidigungslinien eines Menschen angegriffen oder durchbrochen werden, leidet sein Selbstvertrauen darunter."

(Aus: Julius Fast, Körpersprache, Copyright © 1971 by Rowohlt Verlag GmbH, Reinbek bei Hamburg)

3. Versuchen Sie, die auf der Abbildung gezeigte Situation nachzuspielen.

Verhalten im Raum

1. Sammeln Sie Argumente für die Ihnen vorliegenden Thesen. Sie können sich auch kritisch dazu äußern, müssen dies dann aber begründen.

2. Finden Sie selbst Alternativen oder ergänzende Möglichkeiten zu den vorliegenden Thesen.

Thesen zum Verhalten im Raum und zur Raumwahrnehmung

1. Raumwahrnehmung und soziales Verhalten im Raum sind Resultat von Erziehung.
2. Der Umgang mit Raum lässt sich geschlechtsspezifisch erklären.
3. Der Umgang mit Raum hängt mit Machtausübung zusammen.
4. Der Umgang mit Raum ist ein Relikt aus dem Verhaltensrepertoire von Primaten.
5. Der Umgang mit Raum ist ein Ergebnis von Sozialisation.
6. Der Umgang mit Raum wird je nach sozialer Herkunft unterschiedlich geregelt.
7. Der Umgang mit Raum hängt mit Selbsteinschätzung zusammen.
8. Sympathie und Antipathie bestimmen die Nähe oder Distanz zu anderen.
9. Raumverhalten ist eine Frage der sozialen Intelligenz.
10. Raumbedürfnis ist der Ausdruck von Freiheit und Unabhängigkeit.
11. Menschliche Beziehungen werden durch Raumverhalten bestimmt.

---

3. Sie finden im Folgenden mögliche Einstellungen zu These 2 bzw. 7. Nehmen Sie zu den Ausführungen Stellung.

Zur These 2: **Raumwahrnehmung lässt sich geschlechtsspezifisch erklären.**

„Ich würde dieser These nur ungern zustimmen, denke jedoch, dass es oftmals der Fall ist. Das liegt jedoch daran, dass den Jungs/Männern oft von der Gesellschaft bestimmte Verhaltensmuster ‚eingetrichtert' werden. Ich denke, dass Mann und Frau sich eigentlich gleich verhalten …" Ch. B.

Zur These 7: **Raumwahrnehmung hängt mit Selbsteinschätzung zusammen.**

„Personen mit niedrigem Selbstwertgefühl sind meiner Meinung nach sowieso eher ‚leise' Personen. Werden diese Personen damit konfrontiert, dass ihnen zusätzlich von anderen wenig Raum gelassen wird, oder sie eingeengt werden, besteht die Gefahr, dass sie noch ‚leiser' werden. Ich glaube, Personen mit niedrigem Selbstwertgefühl brauchen viel Raum, vielleicht mehr als andere, um den Mut zu haben, sich zu entfalten."
J. H.

Mark Rothko

Das Bild „Ohne Titel (U-Bahn)" wurde 1939 von dem amerikanischen Maler litauischer Herkunft gemalt. In seinen frühen Werken herrscht eine beklemmende Räumlichkeit vor, „geradezu klaustrophobisch beengt". (Wick in: Mark Rothko. Retrospektive, München 2008, 15) „In den Subway-Bildern [...], die zwar oft mit einem extrem steil angelegten Fluchtpunkt operieren, wirkt der Raum abgeflacht und in einzelne [...] Felder zerlegt" (ebd. 15). Bekannter wurde er für seine späteren überdimensionalen Bilder, die die Grenzen von Farbwirkung und Form, von Farbraum und transzendentalem Raum aufhoben.

Er lebte von 1903 bis 1970 und starb in New York. Er gründete 1935 die expressionistische Künstlergruppe „The Ten". Dann setzte er sich mit Surrealismus, griechischer Mythologie, den Jung'schen Archetypen und mit der Kunst der Primitiven auseinander. Ab 1947 arbeitete er an den berühmten Farbbildern, die in ihrer Suggestionskraft das Raumgefühl veränderten. 1964 arbeitete er an der Ausgestaltung einer Kapelle. Dieses Werk beeindruckte zeitgenössische Künstler so sehr, dass einer von ihnen, Morton Feldman eine Komposition mit dem Namen „The Rothko Chapel" komponierte.

Mark Rothko: Ohne Titel (U-Bahn), 1939

1. Was bedeuten Ihrer Meinung nach die steil konzipierten Winkel in diesem Bild?
2. Wie wirken die Menschen, welche Atmosphäre strahlt dieses Bild aus?
3. Übersetzen Sie die Bildparameter in musikalische Parameter.
   a. Fertigen Sie zunächst eine Kompositionsskizze (grafische Partitur) an und achten Sie dabei vor allem auf diejenigen Faktoren, die enges (Rothko) bzw. weites (Lanyon) Raumgefühl assoziieren.
   b. Notieren Sie Instrumente, Dauer der Töne, Lautstärke etc.

Literatur: Ruhrberg, Schneckenburger, Fricke, Honnef, Ingo F. Walther (Hg.): Kunst des 20. Jahrhunderts. Köln, Taschen Bd. II S. 798
Hubertus Gaßner, Christiane Lange, Oliver Wick (Hg.): Mark Rothko. Retrospektive.

Peter Lanyon

Peter Lanyon: Solo Flight, 1960

1. Welche Assoziationen von Raum haben Sie beim Betrachten des Bildes?
2. Erscheint der Raum weit oder eng? Begründen Sie Ihre Sichtweise!
3. Drückt dieses Bild Bewegung oder Statik aus?
4. Übersetzen Sie die Bildparameter in musikalische Parameter.
    a. Fertigen Sie zunächst eine Kompositionsskizze (grafische Partitur) an und achten Sie dabei vor allem auf diejenigen Faktoren, die enges (Rothko) bzw. weites (Lanyon) Raumgefühl assoziieren.
    b. Notieren Sie Instrumente, Dauer der Töne, Lautstärke etc.

Mönch und Horizont

Mosaik

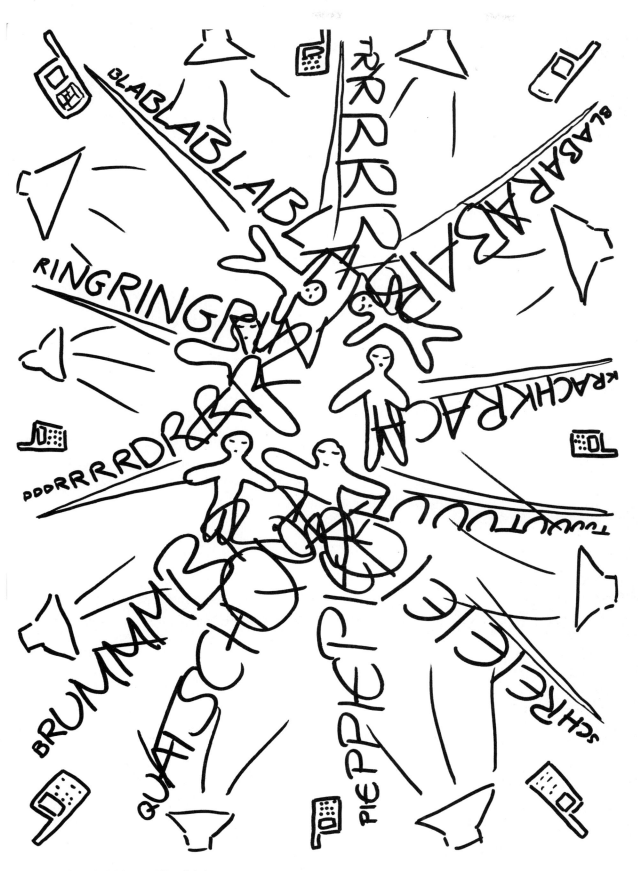

Miriam Müsken, 2008 (unveröffentlicht)

Baustein 2
Musik und Raum im 20. Jahrhundert

2.1 Veränderung des Raum-Zeit-Begriffs

Seit den Anfängen der menschlichen Geistesgeschichte haben Philosophen sich mit dem Phänomen Raum und Zeit auseinandergesetzt. Diese Vorstellungen gaben jeweils das Gerüst für das für die jeweilige Zeit verbindliche oder vorherrschende Weltbild. Bis in die frühen Jahre des 20. Jahrhunderts hinein wurden Raum und Zeit voneinander abgegrenzt. Der Lehrer oder die Lehrerin setzt das **Arbeitsblatt 7**, „Raum und Zeit", S. 42, ein. Es dient der Vermittlung von Kontextwissen.

> *1. Arbeiten Sie die zentralen Informationen heraus.*

Die Schüler erfahren, dass der Raumbegriff in der Musik des 20. Jahrhunderts an Bedeutung zunimmt. Dieses Denken führte direkt zur Kunstform der Performances, wo auch die Aktivitäten der Besucher mit in die Komposition eingebaut werden. Robin Minard, der kanadische Komponist, gestaltete ganze Museumsräume mit Klanginstallationen aus, die sowohl akustisch als auch optisch auf den Besucher einwirkten. Auch der Österreicher Bernhard Leitner gestaltete große Räume bis hin zu Treppenaufgängen mit optisch-akustischen Installationen aus, die durch die Art der Benutzung der Räume vom Besucher zum Klingen gebracht wurden.

Die Schülerinnen und Schüler versuchen im Anschluss daran, mithilfe von **Arbeitsblatt 8** (a oder b), „John Cage: Variation IV", S. 43f., dieses neue Raumgefühl nachzuempfinden und setzen nach den Anweisungen auf dem Arbeitsblatt das Stück um. Der Lehrer kann entscheiden, ob er die englische Originalversion (8a) oder die deutsche Übersetzung (8b) den Schülerinnen und Schülern an die Hand gibt.

> *1. Stellen Sie eine vereinfachte Version der recht kompliziert klingenden Angaben her.*
>
> *2. Setzen Sie die Grafik selbst klanglich um und positionieren Sie sich dazu ganz bewusst an bestimmten Stellen im Raum.*

Nachdem die Schülerinnen und Schüler nach den Anweisungen von Cage versucht haben, den Raum möglichst musikalisch dreidimensional und weniger linear zu deuten, wird auf musikalische Beispiele aus der Vergangenheit zurückgegriffen, um deutlich zu machen, dass auch in früheren Jahrhunderten der Raum ein Thema für die Musik gewesen ist.

Zeitverläufe waren auch in der Musik zielgerichtet. Musikalische Ideen, wie beispielsweise Themen bei Beethoven, wurden kontinuierlich in der Zeit umgeformt, variiert, Kontraste wurden gebildet, es fand eine Synthese, eine Lösung der Gegensätze statt. Allerdings gibt es in späten Beethovensonaten Augenblicke, wo die Zeit stehen zu bleiben scheint. Akkordbrechungen ergeben Klangfelder, in denen man nicht nach Zielen und Auflösungen sucht, sondern sie stehen für sich.

Man hat den Eindruck, diese Musik ist stellenweise nicht mehr im strengen Sinne komponiert, sondern frei improvisiert. Folgende Hörbeispiele sollen mit den Schülern exemplarisch für die Veränderung der Zeitvorstellung in der Geschichte der Musik erarbeitet werden.

> **Hörbeispiel 4:** Ludwig van Beethoven: Klaviersonate op.109, Dauer: 1:46

Der Notentext findet sich auf der **Folienvorlage 3**, S. 45.

■ *Verfolgen Sie den Anfang der Klaviersonate op. 109 im Notentext. Welchen Teil würden Sie als freie Improvisation bezeichnen, Takt 1–8 oder den Teil nach dem Doppelstrich?*

Der Teil nach dem Doppelstrich hat den Charakter einer freien Improvisation.
Diese Aufgabe dient der Festigung von auditiven und visuellen Eindrücken. Die „Zeitenthobenheit"[1] wurde später in der Romantik fortgeführt und findet in impressionistischen Klanggebilden wie bei Debussy ihren vorläufigen Höhepunkt. Zeit und Raum gehen ineinander über. „Das Entfernteste ist mit dem Nächsten verknüpft."[2] Es entstehen bildhafte flächige Wirkungen.[3]

> **Hörbeispiel 5:** Claude Debussy: Prélude Nr. VIII Bd. II „Ondine", Dauer: 1:11

■ *Wo können Sie im Notenbild eine wellenartige Figur erkennen? Benennen Sie die Takte.*

■ *Vergleichen Sie ihren Höreindruck mit dem Notenbild.*

Eingesetzt wird hier **Folie 4**, „Debussy: Prélude", S. 46. Diese Aufgabe dient der Festigung von visuellen und auditiven Eindrücken. Die Kondensierung des Klanges in eine bildhafte Form, in eine Form, die sich in ihren Konturen nachzeichnen ließe, ist der zunehmende Ausdruck der Verschmelzung von Zeit und Raum.
Bei Satie gibt es einen neuen Zeitbegriff, der als zyklisch bezeichnet werden kann. Seine Stücke drehen sich sozusagen um sich selbst.

> **Musikbeispiel[4]:** Erik Satie: Gymnopédie Nr. 3

■ *Hören Sie sich das Klangbeispiel an und finden Sie heraus, was sich hier wiederholt und wodurch der Eindruck einer Drehbewegung entsteht.*

In den Basstönen, den Akkorden in der Mitte, aber auch in der Melodie gibt es Entsprechungen, die aber oft geringfügig abweichen.
Saties Musik beeinflusste wiederum die Minimalisten, die die Musik auf kleinste Partikel zurückführten, die sich in gradueller, kaum wahrnehmbarer Form verschoben. Daraus resultierte bisweilen ein Ausdruck des Schwebens.

> **Hörbeispiel 6:** Steve Reich: Drumming, Dauer: 3:07

■ *Können Sie hören, an welcher Stelle genau sich die Musik ändert? Heben Sie Ihre Hand.*

---

[1] Helga de la Motte: „Raum" als musikalische Kategorie, in: Musik und Bildende Kunst, Laaber 1990, S. 27.
[2] Ebd., S. 29.
[3] Vgl. dazu Adorno in: de la Motte ebd.
[4] In dem Modell wird zwischen „Musikbeispiel" und „Hörbeispiel" unterschieden: Bei den Musikbeispielen handelt es sich in der Regel um leicht zu beschaffende Musik, Hörbeispiele sind dagegen auf der beiliegenden CD zu finden.

Hörergebnis: Veränderungen ergeben sich nach folgenden Sekunden:

| 00:08 | 00:14 | 00:21 | 00:30 | 00:38 | 00:44 etc. |

Die Änderungen sind oft so unmerklich und minimal, dass keine direkten Einschnitte erkennbar sind. Oft haben die Veränderungen früher stattgefunden, als man es wahrhaben will.

Raum und Zeit wurden zu einander durchdringenden Parametern der Musik. So kam es, dass John Cage meinte: Die Unterscheidung zwischen Raumkunst und Zeitkunst scheint eine Vereinfachung, „Oversimplification", zu sein.[1] Aus diesen Überlegungen heraus komponierte Cage ein Stück mit dem Titel: „A Room", siehe **Arbeitsblatt 9**, „John Cage: A Room", S. 47.

1. *Stellt diese Musik einen monoton anmutenden, vielleicht langweiligen oder einen abwechslungsreichen Raum dar?*

2. *Haben Räume etwas mit Menschen zu tun? Kann man Menschen durch ihre Räume, in denen sie leben, verstehen?*

Die Musik wirkt in der Regel recht eintönig, also scheint es sich um einen langweiligen Raum zu handeln. Die Atmosphäre von Räumen beeinflusst die Stimmung der Menschen, die sich darin aufhalten müssen. Auch ihre Motivation zu arbeiten, wird dadurch angeregt oder abgeschwächt. Deshalb bemühen sich moderne Architekten in jüngster Zeit darum, eine persönlichere Atmosphäre in Räume zu bringen. Die Mitarbeiter sollen sich eher wie zu Hause fühlen und dadurch leistungsfähiger werden.

In Italien lebte ein relativ unbekannter Philosoph namens Scaligero. Er hat ein kleines Buch mit dem Titel „Raum und Zeit" veröffentlicht. Darin schreibt er Folgendes:

> „Der Mensch befindet sich immer an einem Ort, der sein eigener Bezugspunkt zum Raum ist. Er durchschweift den Raum nur deshalb, weil er sich erinnert. Erinnern heißt: zum Herzen zurückführen (ricordare). Der gesamte Raum, den er vorstellen oder wieder beschwören kann – im Hause, in dem er wohnt, auf dem Gipfel, den er erklimmt, auf der Insel, an der er landet, im Fahrzeug, in dem er fährt –, ist immer auf den aktuellen Raum bezogen. Alte Vorstellungen von anderen Räumen münden schließlich in den Ort ein, an dem er jetzt ist. [...] An jedem Ort ist der Mensch im Zentrum des Raums, ohne es zu wissen."[2]

Dieser Text wird den Schülern und Schülerinnen vorgelesen. Gegebenenfalls sollte man den letzten Satz an die Tafel schreiben.

■ *Was schließen Sie aus dem Text?*
  • *Denken Sie, dass wir Räume gar nicht objektiv sehen können, nur durch die Beziehung zu ihnen?*
  • *Bedeutet dies, dass jemand, der viel gereist ist, anders über die Welt und die Menschen denkt, als jemand, der nur in seiner Heimat geblieben ist?*
  • *Lässt sich auch auf die Musik übertragen, dass wir immer von dem ausgehen, was wir selbst kennen?*
  • *Welche Konsequenzen lassen sich aus dieser Einsicht ziehen?*

---

[1] de la Motte, S. 35.
[2] Massimo Scaligero: Raum und Zeit. edition tertium, Ostfildern 1995, S. 37.

Ein denkbares Ergebnis des Unterrichtsgesprächs könnte darin bestehen, dass die Schüler und Schülerinnen erkennen, dass Objektivität, zumindest in philosophischen Betrachtungen, nicht ohne den subjektiven Faktor Mensch und die Art seiner spezifischen Erkenntnis der Wirklichkeit existiert. Die Wahrnehmung des Menschen definiert auch sein Verhältnis zum Raum.

Über die folgenden Hörbeispiele sollen sich die Schülerinnen und Schüler Klarheit verschaffen, ob diesen Beispielen entweder eine finale Zeit-Konzeption zugrunde liegt, ob sie räumliche Assoziationen erwecken oder ob sie zyklisch-minimalistischer Natur sind:

Hörbeispiel 7:	Claude Debussy: La cathédrale engloutie, Dauer: 2:34
Hörbeispiel 8:	Ludwig van Beethoven: Klaviersonate f-Moll op. 2 Nr. 1, Dauer: 0:58
Hörbeispiel 9:	John Adams: Short Ride in a Fast Machine, Dauer: 2:23

- *Wie wird der Eindruck von Raum in der „Cathédrale engloutie" im Anfangsteil hervorgerufen? Analysieren Sie folgende Parameter: Tonhöhe, Tondichte, Harmonik, Dauer, Dynamik.*
  Achten Sie dabei besonders auf die Gestaltung von Vordergrund und Hintergrund.

- *Weshalb ist der Anfang der Klaviersonate Beethovens linear?*

- *Wie entsteht bei John Adams etwa der Eindruck des Schwebens, der Schwerelosigkeit? Hören Sie eher Weiterentwicklung oder hören Sie mehr Redundanz? (Redundanz bedeutet, Dinge werden häufig wiederholt, hoher Bekanntheitsgrad, weniger Information.)*

Ergebnis:

Raum und Zeit in der Musik

- Eine finale Zeitkonzeption meint, dass sich aus einer Keimzelle (Motiv) eine musikalische Idee entwickelt, die permanenten Veränderungen unterzogen wird und sich chronologisch weiterentwickelt. Sie unterwirft sich einer vorgegebenen Formkonzeption in linearer, zielbezogener Zeitabfolge.

- Das Gegenteil ist die zyklische Form. Motive kreisen um sich selbst. Oft wird dadurch ein Zustand des Schwebens erzielt. Es entsteht eine Projektion der Raumüberschreitung.

- Raumassoziation kann aber auch durch bestimmte Akkordkonglomerate entstehen, die den Eindruck von Schwere und Bodenhaftung, also die entgegengesetzte Raumwirkung hervorrufen.

Ergebnisse:

> Zu Aufgabe 1 (Debussy):
> - Tonhöhe: großer Tonumfang, weite Lage
> - Tondichte: langsame Akkordrückungen.
> - Harmonik: vorwiegend Quarten, Quinten und Oktaven. Der Oktave und der Quinte als Intervall werden an sich schon Raumcharakter zugeordnet.
> - Dauer: Orgelpunktartige Klänge im Bass bewirken eine außerordentliche Raumtiefe. Ansonsten sind lange Tondauern vorherrschend.
> - Dynamik: gleichbleibende, nahezu stationäre Klangdynamik; vorwiegend im pp-Bereich.
>
> Zu Aufgabe 2 (Beethoven):
> - Es handelt sich um ein achttaktiges erstes Thema, welches zielstrebig auf einen Höhepunkt zustrebt mit einem klaren Ende auf der Dominante.
> - So ist eine weitere Fortentwicklung im Rahmen der Sonatenhauptsatzform gewährleistet.
> - Diese Form gibt der Musik einen klar definierten Rahmen für eine fortschreitende Veränderung in der Zeit.

Sowohl Schwerelosigkeit als auch Schwere können durch Musik ausgedrückt werden und lassen sich als Empfindungen, die mit Raum verbunden sind, verstehen. Eigentlich handelt es sich hier eher um Phänomene der Projektion von Vorstellungen auf die Musik als um die exakte Einordnung von unterschiedlichen Schwingungen physikalischer Natur. Unser menschlicher Verstand ordnet Sinneseindrücke sogenannten Gestalten zu, die ganzheitlicher Natur sind. Dabei spielt die selektive Wahrnehmung eine große Rolle. Wir fokussieren Informationen und Sinneseindrücke nach Wichtigkeiten. Dabei treten manche Gestalten in den Vordergrund, andere in den Hintergrund. Es gibt also unterschiedlichste Dimensionen von Raumvorstellungen, von der konkreten Abbildung der Realität, vergl. die Gehirne von Savants, bis hin zu projizierten Räumen. (Savants sind Menschen mit hochspezialisierten, genialen Fähigkeiten, die aber oft die einfachsten Dinge des täglichen Lebens, wie z.B. bei Ampeln über die Straße gehen, nicht bewältigen können.)
Es gibt einen Savant, der so genaue Raumvorstellungen hat, dass er nach nur einem Flug über Rom eine kartografische Aufzeichnung der Stadt zeichnete, die genauestens mit den Stadtplänen übereinstimmte und das bis in die kleinsten Proportionen hinein.

2.2 Erik Satie

Erik Satie wurde 1866 in Honfleur als Sohn einer schottischen Mutter und eines französischen Vaters, eines Musikverlegers, geboren. Er verliert im Alter von acht Jahren seine Mutter und wird danach von den Großeltern aufgezogen. Er hatte schon als Junge Klavierunterricht bei einem Organisten. Daher stammt seine Begeisterung für Kirchentonarten und gregorianische Gesänge. Etwas seltsam mutet es deshalb an, dass er sich genauso für Zirkusmusik und Kabaretts erwärmen konnte. Seine Schwiegermutter war Klavierlehrerin und hatte wie sein Vater einen eher konventionellen Geschmack. Zu Hause wuchs er in einem sehr musikalischen Umfeld auf. Er selbst setzte sich aber dagegen ab, ganz ähnlich Jugendlichen von heute, die sich gegen den klassischen Musikgeschmack ihrer Eltern und Großeltern absetzen.

Baustein 2: Musik und Raum im 20. Jahrhundert

Er war sein ganzes Leben lang ein Sonderling, sowohl musikalisch als auch in seiner Lebensweise. Allerdings hat er große Musiker wie Debussy und Ravel sehr durch seine non-konformen Äußerungen und seine neuartigen musikalischen Ideen beeindruckt.
Satie war ziemlich arm und musste seinen Lebensunterhalt als Kaffeehauspianist in verschiedenen Bars, unter anderem der „Auberge du clou", verdienen. Dort traf er Debussy, den er regelmäßig einmal in der Woche besuchte, um auf seinem Klavier zu spielen. Als man ihm vorwarf, dass seine Stücke keine Form hätten, komponierte er kurzerhand die „Trois morceaux en forme de poire" (Drei Stücke in Form einer Birne). Er hatte einen etwas unzugänglichen Humor mit leicht hintergründigen Gedankengängen, die kein normaler Mensch nachvollziehen konnte und dies vielleicht bis heute noch. So schrieb er teilweise sehr abstruse Gedanken mitten in seine Kompositionen hinein und untersagte den Interpreten, diese öffentlich kundzutun.

Beispiele:

„hör doch zu"
„jetzt fällt er hin"
„Die, die zu viel redet" ... etc.

(H.H. Stuckenschmidt, Die Musik eines halben Jahrhunderts 1925–1975, München 1976, 29)

Er trat nach und nach aus den Fesseln traditionellen Komponierens hinaus und verband die Musik mit den benachbarten Künsten. In dieser Beziehung war er seiner Zeit weit voraus. Im Jahr 1914 schrieb er wunderschöne kleine Stücke: „Sports et divertissements" (Sportarten und Vergnügungen), denen er Texte hinzufügte und die Partitur mit Bildern versah. Sie gelten als die erste multimediale Komposition.
Im Vorwort zu diesen Stücken schreibt er: „Für die ‚Gekrümmten' und ‚Verdummten' habe ich einen ernsten, anständigen Choral geschrieben. Dieser Choral ist eine Art bissige Vorrede, eine Art strenge und züchtige Einleitung. Da habe ich alles hineingepackt, was ich über den Verdruss weiß. Dieser Choral sei jenen gewidmet, die mich nicht mögen. Ich ziehe mich zurück. Erik Satie."[1]
Und es waren einige, die nichts mit ihm anzufangen wussten! Dennoch wurden die berühmtesten Zeitgenossen wie Picasso, Jean Cocteau, Picabia und Diaghilew auf ihn aufmerksam. Mit ihnen gemeinsam arbeiteten sie an einem Ballett mit dem Namen „Parade". Im Programm für die Uraufführung tauchte zum ersten Mal der Begriff „sur-réalisme", d. h. Surrealismus, auf. Den Programmtext schrieb der französische Dichter Apollinaire. Bei den Uraufführungen einiger seiner Stücke wie „Relache" und „Parade" gab es regelmäßig Skandale. 1925 starb Satie nach quälender Krankheit. Seine Leber war durch seinen starken Alkoholkonsum sehr angegriffen.[2]
Erik Satie war darüber hinaus einer der ersten Komponisten, die ganz bewusst den Raum mit in die Gesamtkonzeption ihrer Werke einbezogen.
Die Schülerinnen und Schüler hören zunächst das Stück und können Überlegungen anstellen, inwieweit Musik hier räumliche Strukturen nachzeichnet. Dann erhalten sie das **Arbeitsblatt 10**, „Erik Satie: Le bain de mer", S. 48, und sie können ihre Eindrücke am Bild nachvollziehen bzw. auch korrigieren.

1. Saties Musik ahmt zum Teil Linien des Bildes nach. Zeigen Sie Beziehungen zwischen Bild und Musik bzw. Notenbild auf.

| Hörbeispiel 10: | Erik Satie: Sports et divertissements. Le bain de mer, Dauer: 2:46 |

---

[1] Vgl. Erik Satie: Sport und Vergnügen. Das Hör- und Bilderbuch. Jaro Medien 2001. Vgl. weiter Darius Milhaud: Noten ohne Musik. Eine Autobiografie. München (Prestel) 1962.
[2] Vgl. dazu: Geschichte der Musik Bd. IV. Hg. Michael Raeburn und Alan Kendall, Mainz (Schott) 1993.

> **Beziehung zwischen Musik und Bild**
>
> - Arpeggien der linken Hand
> - Arpeggien
> - Großer Phrasierungsbogen
> - Kräftig gezeichnetes Crescendo-Zeichen
>
> - Springerin, Körperhaltung
> - Schwimmende Frau (Winkel des Arms)
> - Wellenbewegung
> - Linie, die die Sonnenstrahlen durchschneidet
> - Sonnenstrahlen

Nach dem Werk „Sokrate" schrieb Satie 1920 eine „Musique d'ameublement". Die Zuhörer wurden aufgefordert, diese Musik wie einen Einrichtungsgegenstand zu behandeln, also nicht genau hinzuhören. Die „Musique d'ameublement" zeigt den direktesten Bezug zur Integration des Raumgedankens in die Musik. Musik sollte vergleichbar sein mit Möbeln eines Salons. Sein Freund Milhaud äußerte sich über diese Musik folgendermaßen: „So wie es im Bereich des Sehens Formen gibt, die man wie etwa das Muster einer Tapete, die Deckenleiste oder den Rahmen eines Spiegels trotz ihres unzweifelhaften Daseins doch nicht wahrnimmt, so dachte Satie, wäre es auch amüsant, Musik zu haben, auf die man nicht hinhören müsste, also gleichsam Musik als Ausstattung oder Hintergrundmusik, die veränderlich sein könnte wie die Möblierung der Räume, in denen diese gespielt würde."[1] Was damals so unglaublich zukunftsweisend klang, ist heute schon längst Realität. Die Mehrzahl der öffentlichen Räume, zumindest die kommerziellen, werden pausenlos mit Musik beschallt.

Über die Entstehung dieses Werks gibt es eine kleine Geschichte. Satie aß mit Freunden in einem Restaurant. „Wir mussten eine unerträglich lärmende Musik aushalten, wir verließen den Raum, und Satie sagte zu uns: Man muss trotzdem versuchen, eine Musique d'ameublement zu realisieren, d.h. eine Musik, die Teil der Geräusche der Umgebung ist, die sie einkalkuliert. Ich stelle sie mir melodiös vor, sie soll den Lärm der Messer und Gabeln mildern, ohne ihn zu übertönen, ohne sich aufzudrängen. Sie soll das oft so lastende Schweigen zwischen den Gästen möblieren. Sie wird ihnen die üblichen Banalitäten ersparen. Gleichzeitig neutralisiert sie etwas die Straßengeräusche, die ungeniert in das Spiel hereinkommen."[2] Satie nutzte bei der Aufführung den ganzen Raum und stellte die Klarinettisten in drei Ecken, die vierte Klarinette und die Posaune in die Balkonloge. Das Publikum wurde aufgefordert, nicht auf die Musik zu achten, sondern sie als selbstverständlich wie andere Einrichtungsgegenstände zu betrachten. Das Publikum konnte sich jedoch nicht von alten Gewohnheitsmustern befreien und setzte sich sofort auf die Sitze, als die Musik erklang. Satie schrie wohl: „Unterhaltet euch! Geht herum! Hört nicht zu!" Sein Freund Milhaud sagte dazu nur, das Publikum hätte wohl nicht mit dem Charme seiner Musik gerechnet.[3] Die Musique d'ameublement besteht aus drei Teilen:

1. Tapisserie en fer forgé. Pour l'arrivée des invités (grande réception). A jouer dans un vestibule
   (Schmiedeeiserne Tapete. Für die Ankunft der Gäste (großer Empfang). In einem Vestibül zu spielen)
2. Carrelage phonique. Peut se jouer à un lunch
   (Tönender Steinfußboden. Kann zum Lunch gespielt werden)
3. Tenture de cabinet préfectorial
   (Tapete eines Raumes der Stadtverwaltung)

---

[1] Grete Wehmeyer: Erik Satie. Regensburg (Bosse) 1974
[2] Zit. n. Grete Wehmeyer: Erik Satie. Regensburg (Bosse) 1974, S. 227.
[3] Ebd., S. 227.

Die Stücke bestehen aus endlos zu wiederholenden Schleifen, ähnlich wie in der späteren Minimalmusik. Damit die Besucher der Galerie Barbazange nicht allzu schockiert waren, hat Satie bekannte Melodien eingeflochten wie „Mignon" von Thomas Ambroise und „Danse macabre" von Saint-Saëns.

Die Idee von Satie, Musik wie ein Möbelstück einzusetzen, ist auch aus den Tendenzen der damaligen Kunstszene zu verstehen. Es war die Zeit des Dadaismus. Die Künstler versuchten, bürgerliche Normen der Kunstrezeption auf den Kopf zu stellen. Das Konzert in seiner traditionellen Form wurde infrage gestellt. Im Jahr der Aufführung der Musique d'ameublement 1920 gab es schon die ersten dadaistischen Veranstaltungen in Paris. Satie befand sich, wie später John Cage, ganz vorn an der Front der Avantgarde und genau an der Schnittstelle zu den anderen Künsten. Er öffnete Türen, die andere später betreten konnten. Die Kunstformen der Performances und Installationen wurden hier angedacht und angelegt. Künstler wie Laura Anderson, Christina Kubisch, Robin Minard, Annea Lockwood, Bernhard Leitner u. a. waren auf der Suche nach neuen Klangwelten, Klangräumen in Verbindung mit Klangaktionen federführend.

Die Schülerinnen und Schüler werden durch eine Lehrerinformation über die Idee der Musique d'ameublement informiert und sollen im Anschluss selbst eine entsprechende Musik erfinden.

■ *Denken Sie sich in Gruppen eine Musik aus, die als Klangkulisse dienen könnte für*
  a) *ein Café,*
  b) *einen Warteraum des Arztes,*
  c) *ein Kaufhaus, Abteilung Haushaltswaren.*

■ *Welche Merkmale muss eine solche Musik haben?*

Als weitergehende Hilfestellung werden den Schülerinnen und Schülern folgende Merkmale an die Hand gegeben.

Merkmale von Musik als Klangkulisse

- mittlerer Lautstärkebereich
- häufige Wiederholung
- harmonisch wenig abwechslungsreich
- gleichbleibende Rhythmen
- langsameres Tempo
- eher statisch als vorwärts drängend

■ *Hören Sie sich folgendes Stück aus diesem Werk an und erfinden Sie dazu einen Titel.*

Hörbeispiel 11: Erik Satie: Musique d'ameublement, Dauer: 2:00

Eine andere Möglichkeit wäre die folgende: Ein Teil des Kurses soll sich zu den einzelnen Stücken bewegen. Die anderen beobachten und setzen die Bewegungen in Beziehung zu bestimmten musikalischen Parametern.[1] Da die Musik einen starken gestischen Aufforderungscharakter hat, dürfte diese Aufgabe nicht schwerfallen.

- *Bewegen Sie sich ruhig übertrieben zu der Musik. Die Bewegungen können auch komisch aussehen.*

2.3 Aaron Jay Kernis und Heinz Weber

Aaron Jay Kernis ist ein zeitgenössischer Komponist, der Musik nicht als Hintergrund verstanden haben will wie Satie, sondern Raumelemente musikalisch festhielt. Er war bei einem Italienbesuch in Ravenna so überwältigt von den wundervollen Farbeindrücken der Mosaikarbeiten, dass er die Idee hatte, diesen Eindruck einer Komposition zugrunde zu legen. Erst am Schluss der Komposition reihen sich die vielen Farbeindrücke, umgesetzt in musikalische Gedanken, in einen Gesamteindruck ein.

Für die Bearbeitung der folgenden Aufgaben wird **Folie 5**, „Aaron Jay Kernis: Invisible Mosaic III", S. 49 verwendet.

Hörbeispiel 12:	Aaron Jay Kernis: Invisible Mosaic III, Dauer: 1:39
Hörbeispiel 13:	Heinz Weber: TRAM S ATLANTIK, Dauer: 3:16

- *Hören Sie sich folgende Beispiele an und beschreiben Sie den Unterschied. Wie entsteht jeweils bei Ihnen der Eindruck von Raum?*
- *Begründen Sie, warum dies eher bei Stück 13 der Fall ist.*

Im ersten Stück entsteht eher ein diffuser Klangeindruck von sukzessiv sich entwickelnden Klangereignissen, die eine gewisse Unruhe vermitteln.

Im zweiten Stück werden reale Geräusche von Meeresrauschen, Stimmen u. a. zu einem Gesamtklang zusammengefasst, die durch Gongschläge markiert sind. Das Material des zweiten Stückes besteht einerseits aus Umweltgeräuschen, die der Komponist in Lissabon aufgenommen hat und den oben beschriebenen Meeresgeräuschen der Atlantikküste und des Wallfahrtsorts Fatima. Neben den Strukturen der Muschel, die genau den Proportionen des Stückes entsprechen, wurden Mosaikmuster auf den Wegen und Plätzen in Lissabon übertragen. „Die Abschnitte werden durch Gongschläge markiert, einer mit der bloßen Hand angeschlagenen Marmorwanne aus Caldas da Rainho, einem alten römischen Badeort."[2]

1. Wasser/Atlantik
2. Menschen

Im weiteren Verlauf des Stückes wären zu hören:
3. Straßenbahn in Lissabon
4. Architektur/Landschaft/Orgel der Wallfahrtskirche in Fatima

- *Ordnen Sie eine der folgenden Grafiken dem ersten Hörbeispiel zu.*

---

[1] Nach einer Idee von Laura Schlömann.
[2] Heinz Weber: Einführung zu der Klangarbeit „TRAM S ATLANTIK". Unveröffentlichtes Manuskript. Katalog. April 1996.

Ergebnis: Für viele passt die dritte Grafik am besten, da sie am besten das Chaos der unterschiedlichen Klangeindrücke darstellt.

■ *Fertigen Sie selbst eine Grafik für Hörbeispiel 13 an.*

Raum und Zeit

Die Bewegung verbindet Raum und Zeit. In den Anfängen des zwanzigsten Jahrhunderts entwickelten Philosophen Denkmodelle, die eine vierte Dimension konzipierten.
Nach dem Philosophen Bergson erhielt neben der chronologisch gemessenen Zeit die intuitiv erlebte Zeit Bedeutung. Es ist von zyklischer Zeit die Rede, die der finalen entgegengesetzt ist. Er prägte die Begriffe „temps espace" und „temps durée". Im erstgenannten sind sowohl Zeit als auch Raum enthalten. Der zweite Begriff bezieht sich auf die gemessene Zeit.
„Raum und Zeit erscheinen nicht als etwas grundsätzlich Getrenntes, denn hinter beiden steht die Wahrnehmung von Bewegungen, die erlauben, die Zeit zu erleben, weil sie unmittelbar nachvollziehbar sind. Bewegungen schaffen jedoch auch die Anschauung des Raums, weil sie an Wege gebunden sind."
(Helga de la Motte, Musik und bildende Kunst, Laaber Verlag 1990, S. 37)

Bei den Komponisten des zwanzigsten Jahrhunderts entsteht mehr und mehr ein Bewusstsein dafür, dass der Raum in der Musik stattfindet, ein Bestandteil, d. h. ein Parameter derselben ist. So schrieb zum Beispiel Stockhausen 1968 das Stück „Musik für ein Haus". Seine Konzeption sah vor, dass in unterschiedlichen Räumen eines Hauses unabhängig voneinander Musik aufgeführt wurde. Danach wurde diese Musik aufgezeichnet und ersetzte dann zunehmend die Musiker, bis nur noch ein „Raum-Klang" übrig blieb.

Auch John Cage bezog Räume in seine Kompositionen mit ein. Das markanteste Beispiel war, als ihn jemand in seiner New Yorker Wohnung besuchte. Er war schon um die 90 Jahre alt. Der Besucher fragte ihn, was er unter Musik verstehe. Er öffnete das Fenster auf eine laute verkehrsreiche Straße hin und sagte ungefähr Folgendes: Hören Sie, das ist Musik.

John Cage und Karlheinz Stockhausen 1958

1. *Arbeiten Sie die zentralen Informationen heraus.*

John Cage: Variation IV, 1963 (englisch)

Eine bekannte Komposition von Cage sind die Variations Nr. IV (1963). Eine grafische Notation wird in Form einer Folie auf den Tisch des Aufführungsraumes gelegt. Der Raum wird dabei bewusst in die Komposition einbezogen. Er wird zum Teil der Partitur.[1]

Bis zu dieser Zeit war es recht ungewöhnlich, dass ein Komponist den Musikern Vorschläge machte, wo sie sich im Raum platzieren sollten. John Cage jedoch entdeckt die Dimension Raum als neuen Parameter in einigen seiner Werke.

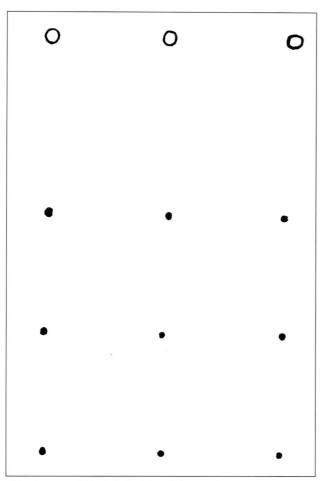

Edition Peters No. 6798. Abdruck mit freundlicher Genehmigung von C. F. Peters Musikverlag, Frankfurt M., Leipzig, London, New York

MATERIAL NOT PROVIDED:
A PLAN OR MAP OF THE AREA USED FOR PERFORMANCE, AND OPTIONALLY A COPY OF IT ON TRANSPARENT MATERIAL.

MATERIAL PROVIDED:
SEVEN POINTS AND TWO CIRCLES ON A TRANSPARENT SHEET. (CUT SO THAT THERE ARE NINE PIECES, EACH WITH ONLY 1 NOTATION.)

PLACE ONE OF THE CIRCLES ANYWHERE ON THE PLAN. LET THE OTHER CIRCLE AND THE POINTS FALL ON THE PLAN OR OUTSIDE IT. TAKING THE PLACED CIRCLE AS CENTER, PRODUCE LINES FROM IT TO EACH OF THE POINTS. (STRAIGHT LINES.) THE SECOND CIRCLE IS ONLY OPERATIVE WHEN ONE OF THE LINES SO PRODUCED (ONE OR MORE) INTERSECTS OR IS TANGENT TO IT.
MAKE AS MANY READINGS OF THE MATERIAL AS DESIRED (BEFORE OR DURING THE PERFORMANCE).

A. THEATRE SPACE (AUDITORIUM WITH DOORS)
  1. ONE FLOOR
  2. WITH BALCONY OR BALCONIES
SOUND(S) TO BE PRODUCED AT ANY POINT ON THE LINES OUTSIDE THE THEATRE SPACE (EXTEND LINES WHERE NECESSARY). OPEN DOOR(S) PERTAINING TO A GIVEN POINT. (SOUND PRODUCTION MAY BE UNDERSTOOD AS SIMPLY OPENING DOORS.) INTERSECTION OF SECOND CIRCLE = SOUND IN TOTAL THEATRE SPACE (PUBLIC ADDRESS SYSTEM) OR AT ANY SPECIFIC POINT ON THE PRODUCED LINE WITHIN THE SPACE. TWO OR MORE POINTS MAY BE TAKEN AS A SOUND IN MOVEMENT. (OPEN PERTINENT DOORS.) MOVEMENT IS ALSO INDICATED BY USING TRANSPARENT MAP IN ADDITION. A SINGLE NOTATION WILL THEN GIVE TWO POINTS IN SPACE. SEVERAL OF THESE MAY BE ASSOCIATED WITH ONE SOUND.

B. BUILDING WITH ONE OR MORE FLOORS.
WHEN NECESSARY OPEN WINDOWS INSTEAD OF DOORS.

C. APARTMENT OR SUITE.
THE PERFORMANCE CAN BE IN REFERENCE TO ONE OR ANY NUMBER OF ROOMS. (THE MEANING OF "OUTSIDE" MAY CHANGE.)

D. CLOSED SPACE (CAVE).

E. OUTDOOR SPACE (ANY AMOUNT).

MEASUREMENTS OF TIME AND SPACE ARE NOT REQUIRED. WHEN PERFORMED WITH ANOTHER ACTIVITY WHICH HAS A GIVEN TIME-LENGTH (OR ON A PROGRAM WHERE A GIVEN AMOUNT OF TIME IS AVAILABLE) LET THE PERFORMANCE OF THIS TAKE A SHORTER AMOUNT.

A PERFORMER NEED NOT CONFINE HIMSELF TO A PERFORMANCE OF THIS PIECE. AT ANY TIME HE MAY DO SOMETHING ELSE. AND OTHERS, PERFORMING SOMETHING ELSE AT THE SAME TIME AND PLACE, MAY, WHEN FREE TO DO SO, ENTER INTO THE PERFORMANCE OF THIS.

1. Stellen Sie eine vereinfachte Version der recht kompliziert klingenden Angaben her.
2. Setzen Sie die Grafik selbst klanglich um und positionieren Sie sich ganz bewusst an bestimmten Stellen im Raum.

---

[1] Helga de la Motte-Haber, Die vierte Dimension und das Raum-Zeit-Kontinuum, in: Musik und Bildende Kunst, Laaber 1990. Musik in Geschichte und Gegenwart Bd. 6, Spalte 737–740.

John Cage: Variation IV, 1963 (deutsch)

Eine bekannte Komposition von Cage sind die Variations Nr. IV (1963). Eine grafische Notation wird in Form eine Folie auf den Tisch des Aufführungsraumes gelegt. Der Raum wird dabei bewusst in die Komposition einbezogen. Er wird zum Teil der Partitur.[1]

Nicht vorgegebenes Material:
Ein Plan oder eine Karte des Areals, das für die Performance genutzt wird, und eventuell davon eine Kopie auf transparenter Folie.

Vorgegebenes Material:
Sieben Punkte und zwei Kreise auf einem transparenten Blatt. (Schneiden Sie so, dass es 9 Stücke ergibt, jedes mit nur einer Notation.)

Platzieren Sie einen der Kreise beliebig irgendwo auf den Plan. Lassen Sie den anderen Kreis und die Punkte auf oder außerhalb des Plans fallen. Nehmen Sie den Kreis als Zentrum und verbinden Sie ihn durch Linien mit den Punkten. (Gerade Linien.) Der zweite Kreis wird nur eingesetzt, wenn eine der Linien (einen oder mehrere) Schnittpunkte ergeben oder diese berühren.
Lesen Sie dieses Material so oft Sie es wünschen (vor oder während der Aufführung).

A. Theater Raum (Auditorium mit Türen)
   1. eine Etage
   2. mit einem oder mehreren Balkons

Klang bzw. Klänge werden erzeugt an jedem Punkt der Linien außerhalb des Theaterraums (verlängern Sie die Linien, wo es nötig erscheint). Offene Tür(en) gehören zu einem vorgegebenen Punkt. (Klangproduktionen können verstanden werden wie das Öffnen von Türen.) Schnittpunkte des zweiten Kreises = Klang im ganzen Theaterraum (das Publikum wird einbezogen) oder an jedem beliebigen Punkt der erstellten Linie im Raum.
Zwei oder mehr Punkte können als Klang in Bewegung verstanden werden. (Die Türen sind permanent offen.) Bewegung kann auch erzeugt werden, indem man die transparente Karte zusätzlich benutzt. Eine einzelne Nicht-Aktion gibt zwei Punkte im Raum. Einige von ihnen können mit einem Klang assoziiert werden.

B. Gebäude mit einer oder mehreren Etagen. Wenn nötig, öffnen Sie die Fenster statt der Türen.

C. Apartment oder Suite. Die Performance kann stattfinden in einem oder beliebig vielen Räumen. (Die Bedeutung von „draußen" mag sich ändern.)

D. Geschlossener Raum (Keller)

E. Raum im Freien (jede Art)

Zeitmaße und Raummaße sind nicht erforderlich. Wenn das Stück mit einer anderen Aktivität aufgeführt wird, der eine genaue Zeit vorgegeben ist (oder ein Programm, für das eine bestimmte Zeit zur Verfügung steht), soll diese Performance etwas kürzer dauern.

Ein Aufführender braucht sich zu diesem Stück nicht zu bekennen. Er kann jederzeit etwas anderes machen. Und andere, die zur selben Zeit und am selben Platz etwas anderes aufführen, können, wenn das für sie möglich ist, an dieser Performance mitwirken.

Edition Peters No. 6798. Abdruck mit freundlicher Genehmigung von C. F. Peters Musikverlag, Frankfurt M., Leipzig, London, New York
(Übersetzung: U. Ditzig-Engelhardt)

---

1. Stellen Sie eine vereinfachte Version der recht kompliziert klingenden Angaben her.
2. Setzen Sie die Grafik selbst klanglich um und positionieren Sie sich ganz bewusst an bestimmten Stellen im Raum.

---

[1] Helga de la Motte-Haber, Die vierte Dimension und das Raum-Zeit-Kontinuum, in: Musik und Bildende Kunst, Laaber 1990. Musik in Geschichte und Gegenwart Bd. 6, Spalte 737–740.

Ludwig van Beethoven: Klaviersonate op. 109

(Beethoven, Sonate opus 109 © 1980 G. Henle Verlag, Abdruck mit freundlicher Genehmigung des Verlags)

Claude Debussy: Prélude „Ondine"

(Aus: Claude Debussy, Preludes pour piano, 2e Livre, Durand & Cie, Editeurs Paris, Place de la Madeleine, 1913 © G. Ricordi & Co. Bühnen- und Musikverlag GmbH)

John Cage: A Room, 1968

Edition Peters No. 67830. Abdruck mit freundlicher Genehmigung von C. F. Peters; Musikverlag, Frankfurt M., Leipzig, London, New York

1. Stellt diese Musik einen monoton anmutenden, vielleicht langweiligen oder einen abwechslungsreichen Raum dar?
2. Haben Räume etwas mit Menschen zu tun? Kann man Menschen durch ihre Räume, in denen sie leben, verstehen?

Erik Satie: Le bain de mer

Charles Martin: Le bain de mer

(Aus: Erik Satie, Piano Solo, Edition Salabert Paris, 1989, S. 231)

1. Saties Musik ahmt zum Teil Linien des Bildes nach. Zeigen Sie Beziehungen zwischen Bild und Musik bzw. Notenbild auf.

Aaron Jay Kernis: Invisible Mosaic III

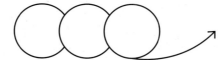

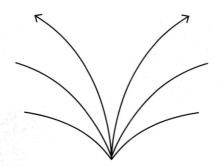

Baustein 3

Klangkunst

3.1 Klangkunst – Performance – Klanginstallation

Was unterscheidet die Klangkunst von der Klanginstallation und der Performance? Klangkunst bewegt sich zwischen mehreren Künsten der Musik, der Kunst, dem Theater, der Architektur, der Video-, Radio- und Filmkunst, um nur die wichtigsten zu nennen.
Die Zusammenführung der einzelnen Künste wurde ab der Mitte des 20. Jahrhunderts in bislang nicht da gewesener radikaler Form von John Cage betrieben. Nach zunächst harmlosen Szenarien wie der „Watermusic" (1952), in der neben präpariertem Klavier, Radio, drei Pfeifen, Wasserbehälter, Holzstock und Kartenspiel zum Einsatz kamen, wurden neben den neuen Klängen auch die Aktionen der Interpreten immer wichtiger. So erhielten seine Aufführungen den Charakter von „multisensorischen theatralischen Ereignissen".[1] Klangkunst, wie sie sich später entwickelte, ist nicht an eine agierende Person gebunden. Der gehörte Klang steht im Mittelpunkt.[2]
Der Begriff Klangkunst selbst etablierte sich ab etwa 1990. Er schließt Hören und Sehen gleichermaßen ein. Unter Klangkunst zählt z. B. „Day Week – 6 Sound Problems" von Bruce Naumann, bei dem ein den Raum strukturierendes Tonband Geräusche von Schritten, springenden Bällen und Violinspiel wiedergibt.
In Performances tritt der Künstler selbst in Aktion. Er wird zum Bestandteil des Kunstwerks. Das Kunstprodukt Performance ist einmalig und unwiederholbar. Es hängt von der Atmosphäre des Augenblicks, der Zuhörerschaft und der spontanen Kreativität des gestaltenden Künstlers ab. Performances leben von einer Idee und deren Umsetzung im Hier und Jetzt. Sie sind mehr im Zusammenhang mit dem wirklichen Leben zu verstehen als die etablierte Kunst.
Der Begriff „Klanginstallation" leitet sich aus dem amerikanischen „sound-installation" ab und bedeutete zunächst Saalbeschallung. Ab den 60er-Jahren bezieht er sich auf einen „mittels Klangabstrahlung erzeugten künstlerischen Gegenstand". Ab den 70er-Jahren lässt sich der Begriff „Klanginstallation" offiziell datieren. Die Grenzen zum Begriff „Klangskulptur" sind fließend.[3] Klanginstallationen beziehen sich im Großen und Ganzen mehr auf Räume und Klangskulpturen bezeichnen Objekte, die Schall erzeugen. Diese Kunstform geht wiederum auf Edgar Varèse zurück, der Klängen selbst skulpturalen Charakter zuschrieb und zugleich neue Klangräume entstehen ließ. Historische Wurzeln der Installation liegen bei Erik Satie (vgl. dazu Baustein 2). Allan Kaprow gilt mit seinen „18 Happenings in 6 Parts" (1959) als Begründer des Happenings. Seiner Ansicht nach ist das Happening eher dem Leben als der Kunst verbunden. „Ein Happening ist eine Assamblage von Ereignissen, die an mehr als einem Ort und an mehr als einem Zeitpunkt aufgeführt oder wahrgenommen werden. Seine materiale Umgebung („Environment') kann hergestellt werden oder das, was zur Verfügung steht, direkt übernommen oder geringfügig verändert werden; so wie die Aktivitäten erfunden oder dem Alltag entnommen werden können. Im Gegensatz

---

[1] Ruhrberg, Schneckenburger, Fricke, Honnef, Ingo F. Walther (Hg.): Kunst des 20. Jahrhunderts. Köln, Taschen Bd. II, S. 583.
[2] Vgl. de la Motte in: Tadday, Ulrich: Klangkunst. München 2008, S. 6.
[3] Vgl. Straebel in: Tadday, Ulrich: Klangkunst. München 2008, S. 25.

zu einer Bühnendarbietung kann das Happening in einem Supermarkt, während einer Autobahnfahrt, unter einem Stapel Lumpen oder in der Küche eines Freundes stattfinden, entweder gleichzeitig oder nacheinander. Im letztgenannten Fall kann die Zeit, die ein solches Happening andauert, sich über ein Jahr erstrecken. Das Happening wird nach einem Plan aufgeführt, aber ohne Probe, Publikum oder Wiederholung. Es ist Kunst, aber es scheint näher am Leben zu sein."[1]

3.2 Christina Kubisch: Electrical Walks

Die Zeiten, in denen ein Komponist wie Erik Satie die Zuhörer lautstark auffordern musste, doch bitte während einer Musikaufführung im Raum herumzugehen und sich zu unterhalten – die Musik demnach nur als Klangkulisse wahrzunehmen –, haben sich grundlegend verändert.

Unter vielen anderen Kunstformen hat sich durch die zunehmende Verflechtung der einzelnen Künste und durch die Aufhebung einer strikten Trennung von Spezialisten, die Musik aufführen, und Rezipienten, die die Kunst nur passiv konsumieren, eine Form der interaktiven Klangkunst herausgebildet. Eine dieser Künstlerinnen im deutschsprachigen Raum ist Christina Kubisch. Sie hat sich zunehmend von der strengen und elitären Kunstauffassung distanziert und neue Formen entwickelt, in denen der Raum, die Umgebung des Individuums klanglich bewusst gemacht wird.

Sie hat zunächst Flöte an der Hamburger Musikhochschule studiert und sich dann zunehmend vom etablierten Musikbetrieb wegentwickelt. Dabei erfand sie neue Formen der Musikaufführung, die zunächst an die Performances von Laurie Anderson erinnern. Bis 1980 trat sie dabei als Künstlerin selbst auf die Bühne. Danach gab sie dem Rezipienten eine neue und selbstbestimmte Rolle in ihren Installationen. „Nicht nur, dass der Teilnehmer allein und ohne Handlungsanleitung die raumgreifenden Arbeiten durchschreitet, sondern damit ist er es auch selbst, der die klanglichen Ereignisse und deren Abfolge für sich zusammenstellt und komponiert."[2]

Mithilfe von **Arbeitsblatt 11** „Christina Kubisch: Raum-, Licht- und Klangkunst" und **12** „Christina Kubisch: Electrical Walks", S. 60f., können die Schülerinnen und Schüler Informationen zu Christina Kubisch und zu ausgewiesenen Werken erhalten.

> *1. Wie würden Sie die im Text in den Raum gestellte Frage beantworten: Ist sie eine Komponistin im herkömmlichen Sinn?*
>
> *2. Versuchen Sie selbst mit den Ihnen zur Verfügung stehenden Mitteln eine Klanginstallation herzustellen. Markieren Sie besondere Stellen im Raum, die Sie verklanglichen wollen. Legen Sie dort entweder herkömmliche Instrumente und Klangerzeuger hin oder versuchen Sie, elektronische Klangquellen im Raum zu installieren.*

Die Antworten lassen sich nicht prognostizieren. Es sollte aber ein breites Spektrum an Antworten möglich sein und auch zugelassen werden. Die zweite Aufgabe ermöglicht es Schülerinnen und Schülern, sich selbst experimentell dem Thema zu nähern, und dient der Sensibilisierung für das Thema. Das **Arbeitsblatt 12** „Electrical Walks", S. 61, ist ein reines Informationsblatt und dient dem weitergehenden Zugang zum Thema. Es kann auch erst nach dem Hören des Stückes „Electrical Walks" eingesetzt werden.

---

[1] Allan Kaprow in: Tadday, Ulrich: Klangkunst. München 2008, S. 30.
[2] Wulf Herzogenrath und Ingmar Lähnemann: Christina Kubisch/Stromzeichnungen. Heidelberg (Kehrer 2008), S. 60.

Christina Kubisch stellte zwei verschiedenartige Formen von elektromagnetisch ausgerichteten Installationen her: einmal in geschlossenen Räumen durch Verkabelung und einmal durch Aufzeigen von elektromagnetischen Feldern in Städten und Dörfern. Sie entwickelte dabei bestimmte Hörrouten, auf die sich der Hörer begab, ausgerüstet mit einem Stadtplan und Induktionshörern, die die Strahlen in Klang transformierten.

Mit diesen Hilfsmitteln konnte sich der Teilnehmer auch selbst auf Erkundung begeben und neue magnetische Felder entdecken. Die elektromagnetische Induktion lässt sich auf verschiedene elektromagnetische Felder, die sich begegnen, zurückführen. In ihrer Begegnung erzeugen sie Klänge. Christina Kubisch entwickelte eigens für ihre Installationen magnetische Spulen, die mit den elektrischen Feldern kollidieren und auf diese Weise Klang erzeugen.

Die Klänge, die dabei entstehen, hören sich sehr eigenartig an. Abzurufen sind die Klanginstallationen unter folgender Internetadresse:

http://www.cabinetmagazine.org/issues/21/kubisch.php

Um die Klangbeispiele abspielen zu können, muss der „RealPlayer" auf dem Rechner installiert sein.

Musikbeispiel: Christina Kubisch: Electrical Walks

- *Hören Sie sich das Beispiel an und schließen Sie von den Klangimpulsen auf die Stärke der den „Zuhörer" umgebenden Felder.*

- *Von Bankautomaten gehen Strahlungen aus. Nennen Sie noch andere Strahlenquellen in Städten.*

Electrical Walks, Birmingham 2006

Durch die Hörbarmachung elektroakustischer Signale werden die uns umgebenden Felder plötzlich bewusst gemacht. „Ihre Omnipräsenz im städtischen Leben wird dem Rezipienten nachhaltig ins Bewusstsein gerufen".[1] Mithilfe der elektromagnetischen Induktion[2] erzielt Kubisch also eine „Bewusstseinserweiterung" bei den Besuchern. Wir erfahren deutlich, dass unsere Realität nicht der Realität entspricht, die uns umgibt.[3] Das bedeutet, das, was wir für real halten, ist gar nicht real – eine etwas verunsichernde Erfahrung.

Seit 2003 wurden die „Electrical Walks" in 18 Städten durchgeführt und dies auf drei Kontinenten: Europa, Amerika und Asien. Was haben diese eher technisch ausgerichteten Werke mit Kunst zu tun? Christina Kubisch sagt selbst dazu: „Kunstmachen ist eine Möglichkeit, den Erfahrungshorizont zu erweitern."[4]

> *Geht die Bewusstseinserweiterung, von der hier die Rede ist, nicht über das hinaus, was wir von einem Kunstwerk erwarten? Genügt Kunst sich selbst, oder ist sie in der Lage, gesellschaftliche Veränderungen anzustoßen?*

Kunst muss nicht immer sich selbst genügen. Kubisch arbeitet an unserer Wahrnehmung, die sie erweitern will. Das kann immer wieder auch politische Konsequenzen nach sich ziehen. Wenn jemand erkennt, welcher Quantität von Strahlungen wir täglich ausgesetzt sind, wird er wach und fragt schon aus Selbsterhaltungstrieb nach, ob wir dadurch keinen langfristigen Schäden ausgesetzt sind. Der nächste Schritt könnte sein, die Unmenge der Strahlungen im eigenen Haushalt zu reduzieren, andere aufmerksam zu machen und sich in einem letzten Schritt auf politischer Ebene für ein erträgliches Maß an Strahlungsbelastung einzusetzen.

Zu der Frage, was wir für real halten und was nicht und wie sich das auf die Wahrnehmung von Räumen auswirkt, nimmt die Komponistin folgendermaßen Stellung: „Jeder Raum, ob außen oder innen, wirkt ganz verschieden bei verschiedener Lichtsituation, Temperatur, mit verschiedenen Geräuschen, bei unterschiedlichen Tages-, Nacht- oder sogar Jahreszeiten. Die gleichen Räume können in unterschiedlichen Situationen sogar ‚langsamer' oder ‚schneller' wirken, jedenfalls lösen sie diese Assoziation aus. Die Spuren von geschichtlichen Ereignissen, die den Räumen verhaftet geblieben sind, verändern einen Raum ebenfalls […]." Wir wünschen uns „Klarheit, Überschaubarkeit, Sicherheit und eine verlässliche Ordnung bei dem, was uns umgibt. Um diese Illusion aufrechtzuhalten, müssen wir bei unseren Beobachtungen vieles, was stört, mental ausschalten. Menschen, die in einer Flugschneise wohnen, behaupten zum Beispiel, dass sie die Flugzeuge gar nicht mehr hören […] Ich versuche Räume zu schaffen, die vom Klang und Licht her so angelegt sind, dass die übliche Einordnung und Wahrnehmung von Anfang an nicht wie gewohnt funktioniert. Man stutzt, muss sich unwillkürlich neu orientieren".[5]

> *Warum brauchen wir die Illusion, dass die Räume, die wir wahrnehmen, unserer Vorstellung entsprechen?*
>
> *Warum macht es uns die Künstlerin so schwer und konfrontiert uns mit Dingen, die nicht in unsere Vorstellungswelt passen?*

---

[1] Regine Bergmann: Klangkunst – Christina Kubischs Arbeiten mit elektromagnetischer Induktion, (Westf. Wilhelms-Universität) Münster, unveröff. Manuskript 2009, S. 11.
[2] Definition elektromagnetische Induktion: Fließt ein Strom durch einen elektrischen Leiter, entsteht um den Leiter herum ein magnetisches Feld und umgekehrt: Wird ein Magnet in der Nähe eines Leiters bewegt, so bewegt sich in der Leitung ein elektrischer Strom.
[3] Vgl. Wulf Herzogenrath und Ingmar Lähnemann: Christina Kubisch/Stromzeichnungen. Heidelberg (Kehrer) 2008.
[4] Ebd., S. 74.
[5] Wulf Herzogenrath und Ingmar Lähnemann: Christina Kubisch/Stromzeichnungen. Heidelberg (Kehrer) 2008, S. 71 f.

- *Kann man durch Kunst seine Wahrnehmung umstrukturieren?*
- *Ist dies ein Potenzial, welches wir brauchen, um die Wirklichkeit zu verändern, oder zumindest Einfluss darauf zu nehmen?*

Mögliche Ergebnisse:
1. Es ist nicht leicht zu erkennen, dass sich unsere Wahrnehmung der Realität mit der Realität, wie sie wirklich ist, nicht unbedingt deckt.
2. Die Künstlerin möchte, dass wir unsere Gedanken, angeregt durch die Kunst, weiterentwickeln.
3. Durch lange Übung und die Verarbeitung möglichst vielseitiger ästhetischer Reize und Informationen wird die Wahrnehmung dauerhaft verändert.
4. Permanente Weiterentwicklung und damit Veränderung unserer Gedanken führt immer zu einer Änderung unserer Einstellung zum Leben und damit zur Veränderung unserer unmittelbaren Umgebung, solange wir darauf Einfluss haben.

Klänge können nicht ohne Einbuße ihrer Authentizität beliebig von Ort zu Ort transponiert werden. Christina Kubisch äußert sich dazu wie folgt: „Mehr und mehr geht dem Publikum das Bewusstsein dafür verloren, dass die Erfahrung von Kunst nicht etwas ist, über das man jederzeit verfügen kann und auch nicht sollte, sondern an eine Erscheinung im wahrsten Sinne des Wortes gebunden, die einen ‚trifft', aber nur schwer festgehalten werden kann."[1]

Einige ihrer Werke sind daher an einen bestimmten Ort gebunden. Die Zuhörer werden dann mit Karten dieses Ortes ausgestattet und können aktiv selbst auswählen, wo und wie lange sie sich an bestimmten Klangquellen aufhalten wollen.

Die Teilnehmer der Performance, die in Harlem stattfand, bekamen speziell angefertigte Kopfhörer, die elektromagnetische Strahlungen in hörbare Klänge umwandelten. Mit diesen Kopfhörern gingen sie zu den in der Karte von Harlem eingetragenen Orten, an denen sich jeweils Geräte befanden, die ein starkes elektromagnetisches Feld produzierten. Das konnten, wie zuvor schon erwähnt, elektrische Drähte von Straßenbahnen sein oder Automaten etc.

Electrical Walks, Harlem 2006

- *Ist es möglich, die „Aura" eines Ortes an einen anderen Ort zu transponieren?*
- *Kann es sein, dass die „Electrical Walks" in Harlem hier gar nicht adäquat wiedergegeben werden können?*

Kubisch verbindet ihre Kunst direkt mit den Orten, an denen sie stattfindet. Die Atmosphäre dieser Orte wirkt unmittelbar auf die Wahrnehmung ein. Deshalb ist es kaum möglich, ihre Werke als reine Hörerlebnisse, abgetrennt von den Orten ihrer Entstehung, zu verstehen.

- *Sind die „Electrical Walks" von Christina Kubisch nur interessant, weil sie das Unhörbare hörbar machen, oder verfolgt die Komponistin auch darin eine künstlerische Intention?*

---

[1] Wulf Herzogenrath und Ingmar Lähnemann: Christina Kubisch/Stromzeichnungen. Heidelberg (Kehrer) 2008, S. 72.

- *Bewundert sie die Technik ohne Vorbehalte oder nimmt sie einen kritischen Standpunkt ein?*
- *Ist sie eine Komponistin im herkömmlichen Sinn?*

Aus den Hörerfahrungen heraus können die Schülerinnen und Schüler ihre persönlichen Eindrücke schildern. Präzisiert werden können sie durch den Lehrer oder die Lehrerin über die folgenden Aussagen, die die Künstlerin selbst getätigt hat: „Die Technik ist sowohl mein Freund und mein Feind. Ich stehe ihr kritisch gegenüber und bin gleichzeitig nach ihr süchtig. Und da versuche ich immer eine Art von Balance zu finden, um nicht zu abhängig zu werden."[1] Sie selbst versteht sich primär immer noch als Musikerin und Komponistin. So sagt sie: „Ich bin auch Komponistin, wenn ich Klänge sammle, sie bearbeite, sie zusammenstelle und mir vorstelle, wie sie nachher im Raum wirken. Klänge in einen Raum zu stellen, hat unbedingt etwas mit Komponieren zu tun [...]. Mich interessieren besonders Klangfarben und die Grenzbereiche der akustischen und visuellen Wahrnehmung." Sie möchte farbige Strukturen von Klängen deutlich machen. Die Erfahrungen, die sie mit dieser Arbeit macht, werden dann in andere Räume transportiert. „Da beginnt die Klanginstallation."[2]

3.3 Robin Minard

Auch der hier vorgestellte Klangkünstler lässt sich in Bezug zu Satie bringen. Er geht direkt von der Idee der „Musique d'ameublement" aus und erklärt seinen Ansatz dabei folgendermaßen: „Man muss trotzdem versuchen, eine ‚Musique d'ameublement' zu realisieren, d.h. eine Musik, die Teil der Geräusche der Umgebung ist, die sie einkalkuliert. [...] Eine solche Musik soll einer Notwendigkeit gehorchen."[3]
Die Reflexion über Musik und deren Funktion in unserer Gesellschaft und unserer unmittelbaren Umgebung entspringt aber bei Minard einer gesellschaftskritischen Position. Wir leben ja in einer ganz anderen Zeit als Satie vor fast 100 Jahren. Damals war an eine allgegenwärtige Musik in Arztpraxen, in Kaufhäusern, auch in öffentlichen Räumen wie Cafés, Restaurants etc. noch nicht zu denken. Zwar gab es Live-Musik, um sich zu amüsieren, doch die Überflutung mit Musik an allen Orten konnte man sich damals überhaupt nicht vorstellen.
Robin Minard ist 1953 in Montreal, Kanada, geboren und aufgewachsen. Er studierte Musiktheorie und Komposition und komponierte zunächst im traditionellen Stil für Konzertsäle. Nach und nach schärfte sich sein kritisches Bewusstsein zu den permanenten Geräuschbelastungen, denen sich der Stadtmensch in der heutigen Zeit ausgesetzt fühlt. Da sein Hauptanliegen beim Komponieren das bewusste Hören und Wahrnehmen ist, verlegte er seine Kompositionen immer mehr in die Umgebung außerhalb der Konzertsäle. „Die Integration von Klang in öffentliche Umgebung und damit das Verschmelzen von Werken nicht nur mit vorhandener Architektur, sondern auch mit alltäglichen Situationen und funktionalen Umfeldern"[4] wird zu seinem wichtigsten Anliegen.
Er litt stark unter dem permanenten Geräuschpegel der Großstadt, unter der permanenten Beschallung in Einkaufspassagen und anderen öffentlichen Räumen. Als Komponist versuchte er in den 80er-Jahren Wege zu finden, die allgemein abhandengekommene Sensibilität für die akustische Gestaltung von Räumen und der ganzen Umgebung der Menschen neu

---

[1] Kubisch zit. n. Rüth in: Wulf Herzogenrath und Ingmar Lähnemann: Christina Kubisch/Stromzeichnungen. Heidelberg (Kehrer) 2008, S. 53.
[2] Ebd., S. 53.
[3] Minard, zit. n. Barthelmes in: Schulz, Bernd: Robin Minard. Heidelberg (Kehrer) 1999, S. 47.
[4] Bernd Schulz: Robin Minard. Heidelberg (Kehrer) 1999, S. 59.

zu definieren und klanglich zu gestalten. Er versuchte, ein neues „ökologisches Klangbewusstsein" in seinen Werken zu realisieren.[1]

Dabei nahm er sich bestimmte Räume vor, wie z. B. die Bibliothek der TU Berlin und brachte in ästhetisch ansprechender und zum Raum passenden Form Lautsprecher an, die sich wie Pflanzen an den Wänden hochrankten. Durch die Lautsprecher konnte man ganz leise und so, dass die Studenten, die in der Bibliothek arbeiteten, nicht gestört wurden, Musik hören. Nach Aussagen der Studenten konnten diese sich in dem mit Musik ausgestatteten Raum sogar besser konzentrieren und fühlten sich auch wohler. Die Klanginstallation nannte sich „Klangstille".

Robin Minard: Klangstille, TU 1995

- *Hören Sie, wenn Sie Hausaufgaben machen, Musik oder arbeiten Sie lieber, wenn es ganz still ist?*

- *In welcher Lautstärke hören Sie, wenn überhaupt, Musik.*

- *Hängt es vom Schwierigkeitsgrad der Aufgaben ab, ob Sie Musik hören oder nicht?*

Immer wieder bemüht sich Minard in seinen Arbeiten um eine Balance der akustischen Ereignisse im Sinne von Naturnähe. Technik und Natur stehen sich nicht mehr unversöhnlich gegenüber, sondern finden zu einer Synthese. Dass dem Künstler diese Balance gelingt, zeigt eigentlich, dass er seiner Zeit weit voraus ist. Es zeigt auch, dass die Technik dem Menschen helfen kann und nicht nur ein Umstand ist, dem der Mensch hilflos ausgeliefert ist, ein Umstand, der mehr und mehr seine natürlichen Lebensräume zerstört.

---

[1] Ebd., S. 7.

Silent Music

Seit den 90er-Jahren beschäftigt Minard sich immer mehr mit biologischen Vorgängen. Die kleinen Lautsprecher, die in der Installation „Silent Music" wie Pflanzen emporwachsen, beziehen sogar wie richtige Pflanzen ihre Energie vom Licht. „Auf der Basis einer fotoelektrischen Transformation verwandeln sie dieses in ein leises, mit den Tageszeiten und dem Wetter changierendes Geraune. [...] Bei Installationen in der freien Landschaft nutzt Minard solche pflanzenartigen Konfigurationen von Lautsprechern, die in Acrylwänden fest umschlossen sind. [...] Diese seltsame Flora eines Gewächshauses ist mit der Umgebung so fest verbunden, dass sie aus ihr entwachsen zu sein scheint und die Lautsprecher sich mit dichten, geraden, sich aufrichtenden Stängeln dem umgebenden Gras oder mit ihrem Geranke den Blumen anpassen."[1]

„Es entspricht nicht unbedingt unseren Erwartungen, dass sich technische Instrumentarien in einer so organisch anmutenden Gestalt konstituieren können. Aber auch das Ein- und Ausatmen der sich überlagernden Tonfolgen assoziiert mitunter Erinnerungsbilder von natürlicher Herkunft."[2]

Robin Minard gestaltete auch eine Klanginstallation in der Bundesgartenschau in Magdeburg (Intermezzo 1999). Hier werden verschiedenste Klänge aus Lautsprechern hörbar, wobei der Besucher nie ganz genau weiß, woher die Klänge kommen. Das Klangresultat ist dann wie die unterschiedlichen Klänge in der Natur selbst. Sie wirken alle miteinander und scheinen sich selten zu stören. Auch hier strebt der Künstler eine Balance zwischen Natur, Kunst und Technik an.

Im Folgenden wird eine Fantasiereise mit einem Klangbeispiel gekoppelt. Der Text wurde direkt für das Hörbeispiel „Music for Quiet Spaces" von Robin Minard entwickelt. Die Schüler setzen sich entspannt hin und schließen die Augen. Der Lehrer beginnt erst mit dem Lesen des Textes, wenn es ganz ruhig ist. Dann hören die Schüler immer noch mit geschlossenen Augen das Hörbeispiel. Danach schreiben sie auf, welche Assoziationen ihnen beim Hören in den Sinn gekommen sind.

Hörbeispiel 14: Robin Minard: Music for Quiet Spaces, Dauer: 2:59

■ *Machen Sie eine Fantasiereise nach folgendem Text:*

„Schließen Sie die Augen und setzen Sie sich entspannt hin.
– Du bist ganz ruhig und fühlst dich ganz leicht ...
– Um dich herum ist ein sehr warmes, angenehmes Licht und du fühlst dich wohl ...
– Der Regen, der sanft und gleichmäßig vom Himmel fällt, macht dir nichts aus, denn er ist warm und angenehm auf deiner Haut ...
– Die ganze Last und Verantwortung des Alltags verschwindet und du musst an nichts mehr denken ...
– Du fühlst dich frei ...

---

[1] Helga de la Motte in Bernd Schulz: Robin Minard. Heidelberg (Kehrer) 1999, S. 38f.
[2] Uwe Jens Gellner in Bernd Schulz: Robin Minard. Heidelberg (Kehrer) 1999, S. 109.

– Vor dir taucht ein Gebäude auf, es sieht aus wie eine Halle aus Eis ...
– Doch dir ist immer noch warm ...
– Du betrittst die Halle und sie fängt an, in den verschiedensten Blautönen zu schimmern ...
– Dich durchströmt ein Glücksgefühl ...
– Die Halle scheint viele Gänge zu haben und du suchst dir einen Gang aus, der dich neugierig macht ...
– Der Regen trommelt auf das gläserne Glasdach ...
– Du fühlst dich wohl und geborgen ...
– Der Gang schlängelt sich um viele Kurven und du folgst ihm geduldig und neugierig ...
– Nachdem du einige Zeit gelaufen bist, stehst du plötzlich in einer runden Höhle, in der die Blautöne noch heller schimmern ...
– Du stellst dich in die Mitte und genießt das friedliche Gefühl der Stille ...
– Kannst du dir jetzt dazu leise, kaum wahrnehmbare Töne vorstellen?"[1]

Im Anschluss daran wird die **Folie 6**, „Robin Minard: Music for Quiet Spaces", S. 62, gezeigt (Das Bild finden Sie auch auf der Begleit-CD). Die persönlichen Eindrücke, die während der Fantasiereise gemacht wurden, werden im Unterrichtsgespräch geschildert und in Beziehung gesetzt zur Folie. Das eher kühle blaue Licht, das das Folienerlebnis bietet, wird auf der Basis der Schilderungen in der Regel umgedeutet und als begrüßenswerter Ort der Stille wahrgenommen. Die ausgewählte Musik bzw. die vorgestellten Töne zielen in eine Richtung, die das technische Moment zurückstellen und eher Harmonie und Wärme assoziieren lassen.

■ *Hören Sie sich jetzt das Klangbeispiel „Music for Quiet Spaces" (1984) an.*

■ *Schreiben Sie auf, welche Assoziationen Ihnen dabei in den Sinn kommen.*

Wie gestaltet Robin Minard das Verhältnis von Raum und Klang? Er selbst spricht davon, dass er Raum artikuliert, das bedeutet, er macht Architektur hörbar. Raum wird klanglich erschlossen, verstärkt, verändert. Durch die Bewegung von Klängen wird der Raum artikuliert und klangmoduliert, das heißt klangplastisch ausgestaltet. Ein Beispiel: In „Stationen", einer Arbeit aus dem Jahr 1992, wird der Zuhörer beim Hinaufsteigen in einem Glockenturm von einem Obertonakkord begleitet, der sich je nach der Position, in der sich der Zuhörer befindet, verändert. Der Zuhörer steigt hoch und der begleitende Klang wird ebenfalls höher. Auf diese Weise wird der Zuhörer zum Mitagierenden im Werk. Der Klang begleitet ihn im Raum.[2] Setzt man sich mit den Werken Minards auseinander, entsteht der Eindruck, es handele sich um synästhetische Produkte.

1. Welche Sinnesorgane wirken bei der Raumwahrnehmung zusammen?

2. Lassen sich die Werke von Minard in andere Umgebungen transportieren? Begründen Sie Ihre Aussage.

Zur Beantwortung der Fragen wird das **Arbeitsblatt 13**, „Öffentlicher Raum, Klang, Natur", S. 63, sowie die **Folie 7**, „Robin Minard: Brunnen", S. 64, präsentiert. Die Antworten der Schülerinnen und Schüler werden in Beziehung gesetzt zu den Selbstaussagen von Minard und miteinander abgeglichen: „In der Tat nehmen wir Raum ebenso mit unseren Ohren wie mit unseren Augen wahr. Geräusche und Klänge orientieren den Körper im Raum und leiten sogar unsere visuelle Interpretation von Umgebungen. Durch Faktoren wie Raumnachhallzeit, Resonanz, Klangreflexionsmerkmale und verschiedene Arten der Frequenzabsorption

---

[1] Dieser Text stammt von Marina Heitmeyer.
[2] Vgl. Helga de la Motte in Bernd Schulz: Robin Minard. Heidelberg (Kehrer) 1999, S. 37.

ermittelt das Ohr recht genaue Eindrücke von Raumdimensionen, Architekturen und sogar Baumaterialien. [...] so gesehen ist eine Architektur nicht mehr länger ein statisches, hohles Objekt, sondern eher ein multi-sensorisches Ereignis [...]".[1]
Wie versteht Minard sein Verhältnis zum Zuhörer? Der Zuhörer wird nicht nur als passiver „Beschreiter" von Klanginstallationen gesehen, der hier und da bestimmt, wann ein Klang ertönt und wie lange er klingen soll, sondern der Komponist begreift seine künstlerische Aufgabe als Vermittler zwischen der Umgebung, den Bedürfnissen der Menschen und den neuen ästhetischen Herausforderungen. „Wir müssen eine Kunst schaffen, die ihre Umgebung in die Überlegung mit einbezieht, die mit dem Raum, in den sie eindringt, eine Beziehung eingeht und einen Dialog aufnimmt. Es ist auch Aufgabe des Künstlers, sich der Bedürfnisse der Menschen, für die sein Werk gedacht ist, bewusst zu werden und positive Aktionen durchzusetzen."[2]

■ *Erfinden Sie selbst eine Musik, die einerseits meditativen Charakter hat, die aber elektronisch erzeugt wird und den Raum mit einbezieht.*

Diese Aufgabe ist abhängig davon, ob elektronische Klangerzeuger zur Verfügung stehen. Gegebenenfalls kann diese Aufgabe an Einzelne in der Klasse, die über ein entsprechendes Equipment verfügen, als Hausaufgabe vergeben werden, die später im Unterricht vorgestellt wird. Alternativ dazu ist die folgende Aufgabe zu sehen, bei der zunächst mit Aufzeichnungsgeräten (vom Kassettenrekorder bis zum Handy) Umweltklänge aufgenommen und anschließend in den Computer übertragen werden. Dort werden sie dann mithilfe von Software (z. B. Audacity) zu einer Komposition zusammengefügt.

■ *Stellen Sie eine „Musik" her oder besser gesagt eine Klangmischung, die Sie aus Umweltgeräuschen zusammengestellt haben. Nehmen Sie dazu möglichst Klang- bzw. Geräuschquellen auf, die man normalerweise nicht bewusst wahrnimmt im Sinne von Minard. Stellen Sie dazu eine zweite Klangschicht her, die die erste leicht, aber nicht wesentlich übertönt. Das Gesamtresultat sollte so abgemischt sein, dass man daneben seine Hausaufgaben machen kann.*

■ *Starten Sie einen empirischen Versuch und probieren Sie die Wirkung Ihrer „Klangproduktion" in Ihrer Klasse aus, wobei Sie erfragen, ob sich jemand von der Klangmischung – ggf. beim Bearbeiten von Hausarbeiten – gestört fühlt.*

---

[1] Minard in Bernd Schulz: Robin Minard. Heidelberg (Kehrer) 1999, S. 63.
[2] Minard, zit. n. Bathelmes in Bernd Schulz: Robin Minard. Heidelberg (Kehrer) 1999, S. 47.

Christina Kubisch: Raum-, Licht- und Klangkunst

Christina Kubisch begann mit dem Studium der Malerei an der Kunstakademie Stuttgart. Mit den dort vermittelten Inhalten konnte sie sich aber nicht so richtig identifizieren und begann Flöte zu studieren an der Musikhochschule Hamburg. Auch das war nicht das, was sie eigentlich wollte. Sie lehnte den sich in engen traditionellen Bahnen bewegenden Kulturbetrieb ab. Ihr eigentliches Interesse bewegte sich zwischen den Künsten und deren Integration in Form einer neuen Kunstrichtung. Sie arbeitete mit dem Video- und Performance-Künstler Fabrizio Plessi zusammen. Die Einbeziehung von Raum, Licht und die Verbindung mit klanglichen Ereignissen faszinierten sie zunehmend. Sie fand ihre Vorbilder in John Cage und der Fluxus-Bewegung.[1] „Ihre frühen Arbeiten zeigen das ständige Bestreben, Synthesen akustischer, optischer und räumlicher Strukturen zu formen."[2] Später studiert sie in Mailand elektronische Musik und belegt Kurse in Elektronik. Immer wieder stellt sich die Frage, ob der technische Aspekt im Werk von Kubisch einen dominierenden Stellenwert einnimmt. Sie selbst sagt dazu: „Die Technik ist sowohl mein Freund und mein Feind. Ich stehe ihr kritisch gegenüber und bin gleichzeitig nach ihr süchtig. Und da versuche ich immer eine Art von Balance zu finden, um nicht zu abhängig zu werden."

Christina Kubisch: Elektromagnetische Felder

Zwischen Musik, Architektur und bildender Kunst

Ist Christina Kubisch eine Komponistin im herkömmlichen Sinne? Oder gehört sie mehr in die Richtung der Kunstarten, die den bildenden Künstlern zugeschrieben werden?

Sie selbst versteht sich primär immer noch als Musikerin und Komponistin. So sagt sie: „Ich bin auch Komponistin, wenn ich Klänge sammle, sie bearbeite, sie zusammenstelle und mir vorstelle, wie sie nachher im Raum wirken. Klänge in einen Raum zu stellen, hat unbedingt etwas mit Komponieren zu tun [...]. Mich interessieren besonders Klangfarben und die Grenzbereiche der akustischen und visuellen Wahrnehmung." Sie möchte farbige Strukturen von Klängen deutlich machen. Die Erfahrungen, die sie mit dieser Arbeit macht, werden dann in andere Räume transportiert. „Da beginnt die Klanginstallation."

1. Wie würden Sie die im Text in den Raum gestellte Frage beantworten: Ist sie eine Komponistin im herkömmlichen Sinn?

2. Versuchen Sie selbst mit den Ihnen zur Verfügung stehenden Mitteln eine Klanginstallation herzustellen. Markieren Sie besondere Stellen im Raum, die Sie verklanglichen wollen. Legen Sie dort entweder herkömmliche Instrumente und Klangerzeuger hin oder versuchen Sie, elektronische Klangquellen im Raum zu installieren.

---

[1] **Fluxus** ist eine Bewegung, die sich den Aktionen von John Cage anschloss und diese weiterführte. Diese Aktionen waren nicht im herkömmlichen Sinne Konzerte, sondern eher „events" (vergl. dazu de la Motte 1996, S. 15). Es geht um Wahrnehmungen mit multimedialem Charakter. Der Künstler ist zwar der Agierende, nimmt aber die Ideen und die Assoziationen der Zuschauer/Hörer ernst. Die Musik spielt hier eine wichtigere Rolle als in den Happenings.
[2] Alle Zitate nach Rüth in Wulf Herzogenrath und Ingmar Lähnemann: Christina Kubisch/Stromzeichnungen, Kehrer Verlag, Heidelberg 2008, S. 53

Christina Kubisch: Electrical Walks

Christina Kubisch stellte zwei verschiedenartige Formen von elektromagnetisch ausgerichteten Installationen her: einmal in geschlossenen Räumen durch Verkabelung und einmal durch Aufzeigen von elektromagnetischen Feldern in Städten und Dörfern. Sie entwickelte dabei bestimmte Hörrouten, auf die sich der Hörer mit einem Stadtplan ausgerüstet und Induktionshörern, die die Strahlen in Klang transformierten, begab.
Mit diesen Hilfsmitteln konnte sich der Teilnehmer auch selbst auf Erkundung begeben und neue magnetische Felder entdecken. Die elektromagnetische Induktion lässt sich auf verschiedene elektromagnetische Felder, die sich begegnen, zurückführen. In ihrer Begegnung erzeugen sie Klänge. Frau Kubisch entwickelte eigens für ihre Installationen magnetische Spulen, die mit den elektrischen Feldern kollidieren und auf diese Weise Klang erzeugen.
Die Klänge, die dabei entstehen, hören sich schon sehr eigenartig an.

Durch die Hörbarmachung elektroakustischer Signale werden die uns alle umgebenden Felder plötzlich bewusst. „Ihre Omnipräsenz im städtischen Leben wird dem Rezipienten nachhaltig ins Bewusstsein gerufen".[1] Mithilfe der elektromagnetischen Induktion[2] erzielt Kubisch also eine „Bewusstseinserweiterung" bei den Besuchern. Wir erfahren deutlich, dass unsere Realität nicht der Realität entspricht, die uns umgibt.[3] Das bedeutet, das, was wir für real halten, ist gar nicht real – eine etwas verunsichernde Erfahrung.

Seit 2003 wurden die „Electrical Walks" in 18 Städten durchgeführt und dies auf drei Kontinenten: Europa, Amerika und Asien. Was haben diese eher technisch ausgerichteten Werke mit Kunst zu tun? Christina Kubisch sagt selbst dazu: „Kunstmachen ist eine Möglichkeit, den Erfahrungshorizont zu erweitern."[4]

Mexico City 2008

---

[1] Regine Bergmann: Klangkunst – Christina Kubischs Arbeiten mit elektromagnetischer Induktion, (Westf. Wilhelms-Universität) Münster, unveröff. Manuskript 2009, S. 11.
[2] Definition elektromagnetische Induktion: Fließt ein Strom durch einen elektrischen Leiter, entsteht um den Leiter herum ein magnetisches Feld und umgekehrt: Wird ein Magnet in der Nähe eines Leiters bewegt, so bewegt sich in der Leitung ein elektrischer Strom.
[3] Vgl. Wulf Herzogenrath und Ingmar Lähnemann: Christina Kubisch/Stromzeichnungen. Heidelberg (Kehrer) 2008.
[4] Ebd., S. 74.

Robin Minard: Music for Quiet Spaces

Robin Minard: Music for Quiet Spaces (vier Lautsprecher, mit blauer Folie gefasste Fenster, Zwei-Kanal-Audio), 1999, Stiftung Saarländischer Kulturbesitz, Stadtgalerie

Robin Minard – Öffentlicher Raum, Klang, Natur

Robin Minard wurde 1953 in Montreal, Kanada, geboren. Er studierte Musiktheorie und Komposition und komponierte zunächst im traditionellen Stil für Konzertsäle. Nach und nach schärfte sich sein kritisches Bewusstsein über die permanenten Geräuschbelastungen, denen sich der Stadtmensch in der heutigen Zeit ausgesetzt fühlt. Da sein Hauptanliegen beim Komponieren das bewusste Hören und Wahrnehmen ist, verlegte er seine Kompositionen immer mehr in die Umgebung außerhalb der Konzertsäle. „Die Integration von Klang in öffentliche Umgebungen und damit das Verschmelzen von Werken nicht nur mit vorhandener Architektur, sondern auch mit alltäglichen Situationen und funktionalen Umfeldern"[1] wird zu seinem wichtigsten Anliegen. Minard bekam 1992–1996 einen Lehrauftrag an der TU Berlin für den Bereich Klanginstallation. Seit 1997 ist er Professor für elektroakustische Komposition und Klanggestaltung an der Hochschule für Musik in Weimar.

Die Verbindung von visuellen und akustischen Phänomenen und die Verbindung von Kunst und Leben sind bei ihm wichtigstes Ziel. Kategorien, nach denen früher Musik analysiert und bewertet wurde, verlieren zunehmend ihre Bedeutung. Dies veränderte seine Einstellung als Komponist. Es gab nun neue Prioritäten zu beachten: die Anpassung des Kunstwerks an den Raum und an die Beschaffenheit der neuen Umgebung. Dadurch wurde für ihn der künstlerische Anspruch „eher unterstützend als vorrangig".

Minard entwirft Musik für einen ganz bestimmten Raum mit vielerlei alltäglichen Funktionen. Hierbei bezieht er auch andere Aspekte mit ein: die Architektur, Geräusche, wie das Summen von Klimaanlagen oder das entfernte Rauschen von vorbeifahrenden Autos sowie die zuhörenden, dort arbeitenden oder vorbeigehenden Menschen und die Funktion des Ohres. So wird aus Musik eine bewusst in das Alltagsleben integrierte Klanginstallation. Lassen sich seine Installationen an einen anderen Ort transferieren? Nein, denn sie sind den spezifischen Eigenschaften des jeweiligen Raumes oder der Umgebung so angepasst, dass ein anderer Ort weitreichende Eingriffe in die Struktur des Werkes erforderlich machen würden und es somit grundlegend verändern.

Raum, Klang und Farbe

Setzt man sich mit den Werken Minards auseinander, entsteht der Eindruck, es handele sich um synästhetische Produkte. Wie eng bei ihm Musik und Farbe zusammenwirken, lässt sich am besten aus nachfolgenden Betrachtungen schließen:

„In der Tat nehmen wir Raum ebenso mit unseren Ohren wie mit unseren Augen wahr. Geräusche und Klänge orientieren den Körper im Raum und leiten sogar unsere visuelle Interpretation von Umgebungen. Durch Faktoren wie Raumnachhallzeit, Resonanz, Klangreflexionsmerkmale und verschiedene Arten der Frequenzabsorption ermittelt das Ohr recht genaue Eindrücke von Raumdimensionen, Architekturen und sogar Baumaterialien. [...] so gesehen ist eine Architektur nicht mehr länger ein statisches, hohles Objekt, sondern eher ein multi-sensorisches Ereignis [...]."

---

1. Welche Sinnesorgane wirken bei der Raumwahrnehmung zusammen?

2. Lassen sich die Werke von Minard in andere Umgebungen transportieren? Begründen Sie Ihre Aussage.

---

[1] Zitate aus: Bernd Schulz: Robin Minard, Kehrer Verlag, Heidelberg 1999, S. 59, 60, 63

Robin Minard: Brunnen

Robin Minard: Brunnen, Magdeburg 1996

Baustein 4
Raumkompositionen mit sozialer Aktion

4.1 Christian Wolff

Es ist gar nicht einfach, Stücke zu finden, in denen ein hoher musikalischer Anspruch mit sozialem Engagement verbunden wird. Oft geht es den modernen Komponisten verständlicherweise um Materialprobleme, um die Erweiterung von Klangmaterial und um die Veränderung von eingefahrenen Hörhaltungen. Andere machen sich wiederum Gedanken um die Veränderung des Spielraums der Interpreten. Sie sollen nicht nur Vollstrecker des ihnen vorgeschriebenen Diktats sein, sondern ihr Spielraum soll im 20. Jahrhundert mehr und mehr an Eigenständigkeit gewinnen. Nicht nur die korrekte Wiedergabe ist gefragt, sondern die kreative und eigenständige Umsetzung von Notenmaterial. In dieser Richtung dachten Komponisten wie Cage, Stockhausen, Wolff, Schnebel, de la Motte und andere.
Erste Informationen zum Komponisten Christian Wolff erhalten die Schülerinnen und Schüler über **Arbeitsblatt 14**, „Zum Komponisten Christian Wolff", S. 75. Nach einer Stillarbeitsphase werden im Unterrichtsgespräch die Aufgaben geklärt.

1. Ist es Ihrer Meinung nach möglich, durch Kunst und Musik soziale Veränderungen herbeizuführen? Begründen Sie Ihre Meinung.
Denken Sie hierbei an die letzten Tage vor dem 9. November 1989 in Leipzig, als auch Künstler und Theaterleute zu der großen Demonstration aufgerufen haben, an der fast 10 000 Menschen teilnahmen ...

Es ist zumindest denkbar und auch wünschenswert, durch Kunst und Musik auf soziale Missstände aufmerksam zu machen. Inwieweit sich dadurch Veränderungen erzielen lassen, ist ungewiss.

2. Kennen Sie eine Oper, in der soziale Missstände angeprangert werden?

Es gibt einige Opern im 20. Jahrhundert, in denen soziale Missstände angeprangert werden. Eine der bekanntesten Opern ist „Wozzeck" von Alban Berg, der den Schülerinnen und Schülern durch das Drama „Woyzeck" (Büchner) in der Oberstufe in der Regel bekannt ist.

3. Ermitteln Sie, warum die Stücke von Christian Wolff eher unbekannt sind.

Man könnte auch fragen, warum ist Christian Wolff hier in unserem Land weitgehend unbekannt geblieben? Bei der Beantwortung dieser Frage sind die Schülerinnen und Schüler weitgehend auf Vermutungen angewiesen: Er war ein absoluter Grenzgänger. Seine Werke betonen weit mehr den sozialen Aspekt und den Aktionsaspekt als die Werke bekannterer Zeitgenossen. Vielleicht erwartet das Publikum mehr Klang und die Bedienung von herkömmlichen Klangapparaten, wie z. B. Sinfonieorchestern und Kammermusikensembles im herkömmlichen Sinn.

Baustein 4: Raumkompositionen mit sozialer Aktion

4. *Wenn es vorwiegend um soziale Aktionen geht und die Musik dabei unwichtig wird, leidet dann die Qualität der Musik?*

Die ästhetischen Wertmaßstäbe werden verlagert. Das kann ein Publikum nicht so leicht nachvollziehen. Die Statements eines Komponisten, der so weit über die Grenzen geht, müssten dann von den Medien mehr verbreitet werden, um andernorts verstanden zu werden (vgl. dazu Beuys). Vielleicht war Wolff zu akademisch und zu bescheiden.

Eine Einbeziehung des Publikums in die Werke, wie es Komponisten wie Christian Wolff fordern, ist gar nicht so selbstverständlich. Christina Kubischs und Saties Haltung (ameublement) wird nicht von allen zeitgenössischen Komponisten geteilt. Werke, die dazu noch den Raum in die Gesamtkonzeption einbeziehen, sind noch seltener. Einer der ersten Komponisten nach Cage, der diese Idee in vielen seiner Werke verfolgte, war dessen Schüler Christian Wolff. Er stellte einen hohen sozialen Anspruch an die Musik. Die Interpreten sollten einen möglichst großen Freiraum in den Kompositionen zugestanden bekommen.

Dafür war die Ausführung seiner musikalischen Aktionen weniger festgelegt. Die Koordination der Aktionen der Spieler dagegen ist sehr viel genauer bestimmt. Dies kann man schon in seinem Stück „In between Pieces" feststellen. Der Komponist äußerte im Jahr 1970 zu seinen bisher geschriebenen Werken: „Eine Komposition […] ist lediglich Material für eine Aufführung; sie muss die Freiheit und die Würde der Spieler ermöglichen; sie sollte eine beständige Befähigung zur Überraschung in sich tragen (Überraschung auch für die Spieler und den Komponisten); sie sollte sowohl Konzentration […] als auch (vergnügte, freudige oder starke) Entspannung zulassen."[1]

Dieses Zitat aus dem Jahr 1970 wird im Plenum verlesen und auf den Unterricht übertragen:

- *Übertragen Sie diese Einstellung auf Ihren Unterricht. Ist der Umgang mit Schulbüchern und anderen Materialien im Sinne Wolffs denkbar? Würden Sie sich eine größere Beteiligung an der Unterrichtmitgestaltung wünschen?*

- *Ist eine solche Beteiligung überhaupt leistbar und gleicht sie dort, wo sie versucht wird, eher einem Etikettenschwindel, da Planung von Unterricht eine Domäne der Lehrkraft ist und in deren alleinigen Verantwortungsbereich fällt?*

- *Beschreiben Sie Ihre Vorstellung von Freiheit und Planung eines guten Unterrichts.*

Die Aufgaben sollen sensibilisieren für die Problematik der Einbeziehung eines Adressaten in ein konkretes Vorhaben, sei dieses im Raum der Kunst angesiedelt oder eben auch im Unterricht. Deutlich werden kann, dass es einer intensiven Vorbereitung und konkreter Anweisungen bedarf, damit Einflussnahme durch die Spieler überhaupt möglich wird und auch wünschenswerte Ergebnisse erzielt. Ein Spagat zwischen Offenheit und Zielgerichtetheit ist nötig, damit der einbezogene Adressat sich auch wirkungsvoll mit seinen Ideen und Vorstellungen, aber nicht beliebig einbringen kann.

1968 komponierte Wolff ein Stück mit einem deutlichen Bezug auf die Räumlichkeit, in denen es aufgeführt wird. Das Stück heißt „Edges" und kann von beliebig vielen Spielern realisiert werden. Interessanterweise besteht die Partitur nicht aus Zeichen für Spielaktionen, sondern aus Angaben wie die Spieler im Raum agieren sollten.

Dazu äußert sich der Komponist: „Die Zeichen in der Partitur zeigen nicht primär an, was ein Spieler spielt. Vielmehr definieren sie einen Raum oder Räume, zeigen Punkte, Oberflä-

---

[1] Christian Wolff, zit. n. H. G. Helms: Manuskript einer Rundfunksendung im Süddeutschen Rundfunk (70er-Jahre), S. 4.

chen, Wege oder Grenzen an. Der Spieler sollte in Bezug auf den so teilweise definierten Raum spielen bzw. innerhalb dieses Raums oder um ihn herum."[1]

Die Schülerinnen und Schüler erhalten das **Arbeitsblatt 15**, „Christian Wolff: Edges", S. 76. Die Spielanweisungen werden hier etwas verkürzt zusammengefasst und übersetzt:
- Die Zeichen bedeuten nicht nur das, was ein Spieler spielen soll. Sie markieren Räume, Punkte, Oberflächen, Wege oder Grenzen. Die Aktionen werden in oder um diese Markierungen herum gespielt.
- Man muss sich nicht pausenlos bewegen.
- Die Wege von einem Zeichen zum anderen müssen nicht direkt sein.
- Die Distanzen können variieren, aber jeder muss immer wissen, wo er sich gerade befindet.
- Zeichen können auch Hinweise sein, auf die man antwortet. Jedes Zeichen wird nur einmal von jedem Spieler umgesetzt.

1. Bilden Sie Gruppen und setzen Sie die Partitur gemäß Ihrer Interpretation um.

2. Vergleichen Sie die Ergebnisse.

Bei der Umsetzung in Gruppenarbeit und der Vorstellung nebst Vergleich im Plenum dürfte deutlich werden, dass die Zeichen einen großen Interpretationsspielraum zulassen. Die folgende Aufgabe ist ebenfalls als Gruppenarbeit gedacht.

■ *Stellen Sie in Gruppenarbeit selbst so eine Partitur her.*
  - *Machen Sie eine grobe Skizze des Raumes.*
  - *Bezeichnen Sie den Standort der Spieler.*
  - *Denken Sie sich Klangaktionen aus, die die Spieler dann selbst gestalten.*
  - *Finden Sie für Klangaktionen passende grafische Zeichen und halten Sie diese schriftlich fest. Sie können auch auf Karten im Raum ausgelegt werden.*
  - *Proben Sie dieses Stück, bis Sie es für aufführungsreif erachten.*

Möglich ist es hier, die fertigen Partiturergebnisse innerhalb der Gruppen auszutauschen und die eigene Realisation mit der anderer Gruppen zu vergleichen.
Im Jahr 1968/69 entstand eine ganze Sammlung solch ungewöhnlicher Musizier-Konzepte, die sogenannte „Prose Collection". Ein Stück daraus hat den Titel „Groundspace or Large Groundspace" und hat sehr viel mit Raum zu tun. Bevor an die eigentliche Umsetzung dieses Stückes mithilfe von **Arbeitsblatt 16**, „Groundspace or Large Groundspace", S. 77, gedacht wird, werden folgende musikalische „Fingerübungen" durchgeführt, zu denen der Lehrer/die Lehrerin die Anweisungen gibt:

■ *Erste Spielmöglichkeit*
Gehen Sie im Raum herum und suchen Sie sich einen Spielpartner. Stimmen Sie ihre Klangaktionen auf diesen Spieler ab. Versuchen Sie den Gesamtklang aller im Raum nie aus den Ohren zu verlieren. Hören Sie auf, wenn Sie den Partner nicht mehr hören.

Bei der zweiten Spielmöglichkeit wird zuvor ein „Solisten-Duo" ausgewählt und den übrigen Schülerinnen und Schülern aufgetragen, deren Klangaktionen, sobald sie diese wahrnehmen, nicht aus den Ohren zu verlieren.

---
[1] Ebd., S. 14.

Baustein 4: Raumkompositionen mit sozialer Aktion

> ■ *Zweite Spielmöglichkeit*
> *Gehen Sie alle im Raum herum. Jeder sucht sich einen Spielpartner. Stimmen Sie Ihre Klangaktionen auf diesen Spieler ab. Nach und nach spielt sich ein Solisten-Duo in den Vordergrund. Es gibt eine Art Dialog zwischen dem Duo und der Gesamtgruppe. Hören Sie auf, wenn Sie das Duo nicht mehr hören.*

> ■ *Dritte Spielmöglichkeit*
> *Teilen Sie die Gruppe in Zuhörer und Spieler. Stellen Sie Instrumente je nach Lautstärke von den Zuhörern entfernt im Raum auf. Die lauten Instrumente hinten, die ganz leisen vorn. Beginnen Sie mit einer Improvisation. Beginnen Sie ganz leise und warten Sie, bis einer der entfernter positionierten Instrumentalisten die Klangaktion fortsetzt. Die Klangaktionen sollten aufeinander bezogen sein. Der Gesamtklang sollte nicht lauter werden, sich nur durch die Raumpositionierung relativieren. Es entsteht ein Bewegungsklang, eine Wanderung von Klängen durch den Raum.*

Abschließend sind die Schülerinnen und Schüler gehalten, eigene Raum-Klang-Aktionen in Szene zu setzen.

> ■ *Denken Sie sich selbst andere Spiele mit Klängen im Raum aus.*
> ■ *Beziehen Sie nun auch szenische Aktionen mit ein.*

Mit diesen so gemachten Erfahrungen können die Schülerinnen und Schüler an die Umsetzung des Stückes „Groundspace or Large Groundspace" (Arbeitsblatt 16) gehen.

> *1. Setzen Sie das Stück „Groundspace or Large Groundspace" gemäß der Spielanweisungen um.*

4.2 Diether de la Motte: „Musik bewegt sich im Raum", „Begegnungen"

Diether de la Motte ist ein zeitgenössischer Komponist mit einem ganz besonderen Verhältnis zu Kindern und Jugendlichen. Er nimmt sie sehr ernst und macht sie in einigen Stücken zu aktiven „Mitgestaltern" seiner Kompositionen. Er hat neben zahlreichen Werken besonders Schriften über Musiktheorie und musikalische Analyse veröffentlicht. Er war lange Zeit Professor für Komposition und Musiktheorie in Hannover und Wien.
De la Motte wollte, dass nicht nur privilegierte Kinder ein Instrument lernen. Er vertrat die Ansicht, dass auch „Nicht-Instrumentalisten" in Schulen aktiv zur musikalischen Gestaltung in öffentlichen Veranstaltungen beitragen sollten. So entwickelte er zahlreiche Stücke, in denen die Gemeinschaft und das musikalische Miteinander im Vordergrund stehen und nicht das solistische Können einiger weniger. In seinem sozialen Engagement war er Christian Wolff sehr ähnlich.
1987 komponierte de la Motte eine Folge von Skizzen für Kinder und Laien. Der Zyklus hat grenzüberschreitenden Charakter, d.h. der Komponist bezieht szenische und theatralische Aktionen in sein Konzept mit ein. Dennoch möchte er, dass die Aufführung durchaus professionell ankommt.
Professionalität erfährt jedoch bei ihm eine erweiterte Bedeutung. Er prägt hierfür den Begriff „Laienprofessionalität". Es soll also geübt werden. „Machen wir also Stücke ohne Instrumente oder mit wenig Instrumenten. Wir haben ja die Stimme und die Bewegung, haben

Kopf, Arme und Beine, haben Ohren und Selbstkritik, Aufmerksamkeit, Gedächtnis und Lernfähigkeit, vor allem Fantasie: Genug!"[1]

Für die praktische Umsetzung einer solchen Musik erhalten die Schülerinnen und Schüler das **Arbeitsblatt 17**, „Musik bewegt sich im Raum", S. 78. Voraussetzung dafür ist, dass die Mitwirkenden in der Lage sind, sich die Tonhöhen der Töne C bis A im Verhältnis zueinander vorzustellen. Ist das nicht der Fall, sollten einige Vorübungen dafür wie in der Solmisation gemacht werden. Z.B.: Die Buchstaben C bis A werden an die Tafel geschrieben. Ein erster „Sänger" singt den Ausgangston, beispielsweise C (c'), ein Akteur steht an der Tafel und zeigt auf F oder beliebige andere Buchstaben, die dann von allen gesungen werden. Sobald hier eine gewisse Sicherheit vorliegt, kann mit der eigentlichen Umsetzung des Stückes begonnen werden.

Zunächst wird diese Komposition/Konzeption auf zwei Räume begrenzt. Es soll einen Aktionsbereich geben, in dem die Szenen (Wege und Aufenthaltszeiten) entwickelt werden, und einen Aufenthaltsraum. Der Komponist will im Aktionsraum keine Zuschauer/Zuhörer, also keine passiven Teilnehmer (außer dies wird ausdrücklich vorgesehen).

Der Aufführungsraum wird in ein großes Sechseck aufgeteilt. In der Mitte befindet sich ein kleineres Sechseck, welches mit den umgebenden Feldern 7 Abschnitte ergibt. Diese Abschnitte werden mit Kreide oder Klebestreifen markiert. Sie müssen so groß sein, dass man sich darin bewegen kann. Jedem Ausschnitt ist ein Ton zugeordnet (vgl. auch Abbildung).[2]

Nun geht es an die Realisation des Stückes. Die Felder werden im Sinne der Vorgaben des Komponisten markiert (siehe Arbeitsblatt).

Interessant ist auch die Kanonbildung. Dazu müssen nur zwei hintereinander herlaufen etc. Steht eine Aufführung bevor, ist es sinnvoll, sich zu verabreden. Dies kann eine festgelegte Folge von Tönen sein. Aber auch totale Freiheit ist möglich oder Sowohl-als-auch-Varianten.

Die Komposition bringt Musik direkt mit räumlicher Aufteilung in Verbindung. Räume werden mit bestimmten Tonhöhen assoziiert. Vielleicht ist dieses Stück auch für Musiker ganz lehrreich. Es verlangt von ihnen, sich von den angelernten Hoch-Tief-Notationen im traditionellen Notenbild zu lösen. Für Nicht-Musiker oder Noch-nicht-Musiker wiederum bedeutet es eine erste Begegnung mit Tonhöhenrelationen und deren freier Gestaltung. Am Ende steht vermutlich ein besseres Hörvermögen auch und gerade, was das Hören eines Gesamtklangs anbelangt. Sich selbst hören und die anderen hören, geknüpft an Bewegung im Raum ist die Intention dieses interessanten Klang- und Interaktionskonzepts.

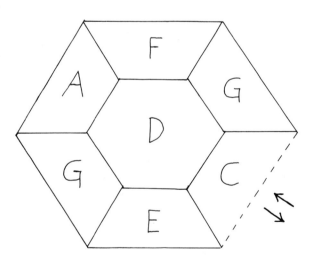

(Diether de la Motte © by MOECK Musikinstrumente + Verlag e.K., D-29227 Celle)

> **1.** Markieren Sie den Raum im Sinne des Schaubildes und bereiten Sie sich für die Ausführung des Stückes vor.
>
> **2.** Proben Sie mehrfach und mit Varianten, zuerst mit den vom Komponisten vorgeschlagenen, dann mit eigenen.

---

[1] de la Motte 1987, S. 5.
[2] Genauere Anweisungen erhalten Sie im Buch: Diether de la Motte: Musik bewegt sich im Raum. Celle (Moeck) 1987, S. 20f.

3. Legen Sie Instrumente mit festgelegten Tonhöhen in die Felder und versuchen Sie es mit einer instrumentalen Version. Denken Sie sich dazu selbst Regeln aus.
4. Nehmen Sie Instrumente mit fixierter Tonhöhe und „Geräuschinstrumente".
5. Kombinieren Sie Stimme und Instrumente.
6. Werten Sie Ihre Erfahrungen aus. Was haben Sie bei der Aktion gelernt? Was würden Sie bei einem erneuten Versuch anders machen?
7. Was halten Sie von der Verbindung von Tonvorstellung und Räumlichkeit?
8. Haben Sie die anderen wahrgenommen und gehört oder nur sich selbst?

Alternativ oder ergänzend kann auch das Stück „Begegnung" mit den Schülern einstudiert werden. Die Spielanweisungen werden den Schülern Schritt für Schritt mündlich vermittelt. Ein anderes Stück aus dieser Werkreihe stellt das Thema Interaktion in den Mittelpunkt des Geschehens. Dabei geht es aber sehr leise zu. Eine Art von meditativer Stille wird Bestandteil der Aktion.

Raumaufteilung: Wieder gibt es wie zuvor einen Aktionsraum und einen Aufenthaltsraum, der am besten kreisförmig oder als Viereck um den Aktionsraum angelegt sein sollte. Die Schülerinnen und Schüler treten in den Aktionsraum nach eigenem Belieben ein und aus. Wer im Aktionsraum isoliert ohne Partner steht, verstummt. Er wird sozusagen zur auskomponierten Pause. Dasselbe gilt für Schüler, die den Aktionsraum verlassen.

> Spielanweisung: Die Spieler gehen durch den Raum, verweilen, gehen weiter, drehen sich um sich selbst. Begegnen sie sich, so singen sie auf „n" einen beliebigen Ton. Begegnen sie sich nur kurz, wird der Ton auch kurz. Bleiben sie länger beieinander, wird der Ton bzw. werden die Töne länger. Es entstehen Klangfelder. Die Dynamik wird durch die Art des Zusammentreffens bestimmt. „Sanfte Begegnungen = leise Töne, schnelleres Zusammentreffen = lautere Töne."[1] Die Lautstärke ist also unabhängig von der Tonhöhe.

Wieder sind verschiedene Arten der Aufführung vorstellbar:

- *Führen Sie das Stück nach dieser Spielanleitung auf.*
- *Denken Sie sich selbst eine Variante der Durchführung aus.*
- *Nehmen Sie Instrumente, die Sie bei der Begegnung spielen.*
- *Denken Sie sich eine Variante aus, wo Sie jemanden, der zu lange allein verweilt, auffordern, mit Ihnen zusammen zu agieren. Das kann musikalisch sein oder auch mit Gesten oder mit Pantomime.*

---

[1] Partitur de la Motte, S. 16. Anmerkung: Es handelt sich hier um eine etwas modifizierte Fassung. Für Schüler ist es wichtig, dass sie nicht zu viele Regeln auf einmal beachten müssen. Sind die Anleitungen zu einfach, so kann man sich immer noch an die Originalaufgaben halten, die sehr viel komplexer sind. Das Gleiche gilt auch für das vorige und für das nachfolgende Stück.

4.3 Dieter Schnebel: „visible music", Musik zu Kafka, „Schulmusik"

Dieter Schnebel[1] ist ein weiterer zeitgenössischer Komponist, der den Musikbegriff um einige Dimensionen erweiterte. Zunächst ging es ihm um eine Gleichberechtigung visueller und auditiver Wahrnehmung und um die Erforschung des Klanges bis hin zu seiner Entstehung. Diese Entstehung des Klanges wollte er in vielen seiner Werke durch szenische Aktionen sichtbar machen. Das szenische Moment, die musikalische und soziale Aktion tragen zur Gestaltung des Klanges bei. Wahrnehmung wird mehrkanalig verstanden und kompositorisch eingesetzt. „Sichtbare Musik – das heißt einmal Musik im Raum, zum zweiten in Bewegung – mit Musikern, die sich auf den Weg machen. Das nähert sich dem Ballett, dem Bewegungschor und jener mobilen Kunst der Show […]"[2]

Für Schnebel spielen die sozialen Beziehungen im Zusammenhang mit Musik eine fundamentale Rolle. Als Voraussetzung für gutes Musizieren fordert er „eine Musik sozialer Beziehungen, in der vernünftiges Zusammenspiel der Kräfte, Auseinandersetzung, wie Rücksicht aufeinander, und ebenso die Freisetzung von Emotionalität eingeübt werden."[3]

Schnebel geht auch von der sozialen Verantwortung des Künstlers aus. So fordert er, dass dieser immer mit der gesellschaftlichen Wirklichkeit in Verbindung treten soll und „aus einem sozialen Bewusstsein heraus handelnd in diese eingreifen soll".

Zu einem ersten Kennenlernen erhalten die Schülerinnen und Schüler das **Arbeitsblatt 18**, „Dieter Schnebel", S. 79.

1. Was hat Schnebel an der menschlichen Stimme fasziniert?

Die Bandbreite der menschlichen Stimme und daraus abgeleitet die weitreichenden Möglichkeiten, sie musikalisch zu nutzen, sind für Schnebel Aspekte, sich für die Stimme zu interessieren.

2. Warum hat Ihrer Meinung nach die Erzeugung von vielfältigsten Stimmlauten vielleicht eine psychoanalytische Wirkung?

Hier verbleibt man im Raum der Spekulation. Ein Gedanke kann sein, dass die Stimme ein sehr persönliches Ausdrucksmittel ist, deren Einsatz immer auch spezifischer Ausdruck der Persönlichkeit ist, insbesondere auch dann, wenn außergewöhnliche Stimmnuancen zu realisieren gesucht werden, die ein „Aus-sich-Herausgehen" notwendig machen.

3. Was hat den Komponisten an der sogenannten offenen Form fasziniert?

Die Abkehr vom Werk, von der Idee der Geschlossenheit und eines vorgegebenen Verlaufes, haben Schnebel die offene Form favorisieren lassen.

4. Welches Verständnis hat der Komponist von sozialer Interaktion? Gibt er den Spielern Freiheit oder tendiert er dazu, ihnen alles bis ins Detail vorzuschreiben?

Ausgehend von den vorherigen Aussagen sind Schnebel das kommunikative Element und der spannungsgeladene Dialog wichtig, bei dem nicht wirklich zu wissen ist, wohin das musikalische Gespräch sich wendet.

---

[1] Dieter Schnebel: Denkbare Musik. Köln 1972; Heinz-Klaus Metzger, Rainer Riehn: Musik-Konzepte, Dieter Schnebel. München (edition text und kritik) 1980.
[2] Schnebel 1972, S. 332.
[3] Schnebel in: Metzger, Riehn 1980, S. 114.

„visible music" ist für einen Dirigenten und einen Spieler komponiert. Das Stück wird teilweise gestisch und teilweise musikalisch realisiert.

In „visible music" gibt es trotz relativ freier Gestaltungsmöglichkeit sehr differenzierte Anweisungen. Die Partitur kann in verschiedener Weise gelesen werden. Man kann in der vertikalen Richtung wie gewohnt Tonhöhen realisieren. Der horizontale Bereich wäre dann für die Dauern zu interpretieren und die Dicke der Punkte als Lautstärke. Interessant und neu sind die Rollen von Dirigent und Interpret. Der Dirigent ist nicht mehr derjenige, der alles vorgibt. Es kann auch umgekehrt sein: Der Instrumentalist spielt und der Dirigent versucht das Gespielte in Gesten umzusetzen. Beide müssen sich auf ein Spielkonzept einigen. Es gibt sogar die kurios wirkende Möglichkeit, dass der Spieler dem Dirigenten Widerstand leistet und genau das Gegenteil zu den jeweiligen Vorgaben spielt. „Endlich kann er durch Spiel und Gestikulation selbst zu dirigieren versuchen. Übertragung dirigentischer Spieltechnik auf Instrumentalspiel."[1]

Hier stellen sich deutlich Bezüge her zu den sozialen und psychologischen Grundlagen der Interaktion, wie sie im ersten Baustein gezeigt wurden (vgl. das AB 3, Samy Molcho, Untergebener und Vorgesetzter).

Die Schülerinnen und Schüler erarbeiten in Gruppenarbeit mithilfe von **Arbeitsblatt 19**, „visible music", S. 80, ihre Interpretation des Stückes aus und stellen diese im Plenum anschließend vor.

1. Lassen Sie sich von der vorgelegten grafischen Spielanweisung inspirieren. Nehmen Sie <u>einzelne</u> Anregungen aus der Komposition auf und setzen Sie Teile davon um.

Die Partitur von Schnebel dient zudem als Inspirationsquelle für eine eigene Partitur, die Wege zu außergewöhnlichen Klangrealisationen eröffnet.

2. Schreiben Sie eine eigene Partitur und legen Sie den Ablauf fest.

3. Realisieren Sie Ihr Konzept und spielen Sie es den anderen vor.

Immer bewusster integrieren Komponisten des 20. Jahrhunderts die Dimension Raum in ihre Werke. Stockhausen erregte mit seiner Komposition „Musik für ein Haus" einiges Aufsehen. Da sich Schnebel wissenschaftlich mit Stockhausen auseinandergesetzt hat, er hat immerhin seine Schriften herausgegeben, beeinflusste dieser seine Komponistenkollegen in der Zeit des Aufbruchs ganz entscheidend. Es gab sogar Auftragskompositionen für ganz bestimmte Räume, wie beispielsweise den Philips-Pavillon der Weltausstellung 1958 in Brüssel. Hierfür komponierte Varèse sein Werk „Poème électronique" in Zusammenarbeit mit dem Architekten Le Corbusier. In einem früheren Zyklus fasste Schnebel einige Werke unter dem Titel „Projekte" zusammen. 1959 schrieb er eine Musik nach der Erzählung „Das Urteil" von Franz Kafka. Zum ersten Mal werden hier die Spieler im Raum positioniert. Die Anzahl der Aufführenden ist freigestellt. Einige Akteure sind fest im Raum positioniert, einige befassen sich mit theatralischen Aktionen. Die Aufführenden werden auf langen oder kurzen, geraden oder krummen Linien aufgestellt. Die Klänge wandern von einem zum anderen. So entsteht der Eindruck, Musik bewegt sich im Raum. Vieles bleibt offen und unbestimmt, die Tonhöhen, Rhythmen und Harmonien. Nur in den Extremen gibt es feste Vorschriften. „Weder Anzahl noch Art der Instrumente und Singstimmen sind vorgeschrieben." Dennoch sollte extreme „Schallenergie" erzeugt werden.[2]

Eine solche Raummusik oder „kafkaeske" Musik lässt sich auch mit den Schülern verwirklichen. Dazu erhalten die Schülerinnen und Schüler folgende Anweisungen:

---

[1] Dieter Schnebel: visible music, S. 8.
[2] Schnebel zitiert in: Martin Demmler. Komponisten des zwanzigsten Jahrhunderts. Stuttgart 1999, S. 391.

> *Stellen Sie sich im Raum auf, einige mit Instrumenten, einige ohne, und geben Sie Klänge weiter.*

Wer wem einen Klang instrumental oder stimmlich weitergibt, bleibt offen und dem Moment überlassen. In einem weiteren Schritt werden szenische Aspekte integriert.

> *Integrieren Sie nun in die nächste Fassung theatralische Gesten. Einer produziert einen Klang, schaut den nächsten Spieler an, dieser reagiert mit einer Geste, dann wieder Klang, dann wieder Geste etc.*

In einem beschließenden Schritt wird die wandernde „Kafka-Musik" umgesetzt. Auf der Geraden werden die Klänge weitergegeben, auf der Ungeraden wird auf jeden Einzelklang gestisch reagiert, sodass Klang und Gesten durch den Raum wandern:

> *Stellen Sie sich in krummen und geraden Linien auf, die Geraden produzieren Klänge, die „Ungeraden" theatralische Reaktionen.*

„Schulmusik" ist eine Komposition mit dem Charakter einer Interaktionsstudie. Dabei wird der Raum zu einem dominierenden Faktor im Kompositionsgeschehen. Raum und Bewegung im Raum sind nach Schnebel Ausgangspunkt und integrativer Bestandteil für kompositorisches Geschehen: „Ein Gebäude oder sonst eine Räumlichkeit wird musikalisch eingerichtet und diese Raumkomposition zugleich zeitlich strukturiert, sodass in solcher Umgebung die Vielfalt musikalischer Vermittlung erlebt werden kann."[1]

Das Werk „Schulmusik" umfasst drei Teile: „Blasmusik", „Gesums" und „Übungen mit Klängen". In Blasmusik tragen bestimmte vorgezeichnete Formationen im Raum zum Klangresultat bei.

Zunächst geht es um die „musikalischen" Voraussetzungen:
- Es dürfen keine Instrumente verwendet werden.
- Die Stimme darf nicht eingesetzt werden.
- Es geht nur um Klänge, die durch Lippenpressung entstehen oder durch Lippenformung. Dies können „zischende, fauchende, pfeifende" Klänge sein.
- Es dürfen auch die Hände eingesetzt werden, z. B. als Trichter etc.

Vor der Aufstellung im Raum stehen sinnvoller Weise die Übungen, die einen stark experimentellen Charakter haben und deshalb viel Spaß machen. Teilweise bringt man Laute hervor, die man sich selbst nie zugetraut hätte. Interessant ist auch das, was die anderen herausfinden. Im Idealfall finden gegenseitige Anregungen statt.

Bevor an die eigentliche Umsetzung von „Schulmusik" gedacht wird, wird die folgende Übung vorangestellt:

„Das durch experimentelle Klangerzeugung Gefundene
Lange unverändert lassen
Fast unmerklich verändern
Ein wenig verändern
Allmählich umformen
Stark, ja plötzlich umformen
Solche Vorgänge miteinander verbinden
Solche Vorgänge mischen […]"[2]

---

[1] Schnebel 1974: Schulmusik Partitur, S. 3.
[2] Schnebel: Schulmusik ebd., S. 5.

Anschließend gibt Schnebel einige Raumformationen im Raum vor, in denen die gefundenen Klangmöglichkeiten eingesetzt werden.

Schüler und Lehrer entscheiden gemeinsam, welche der vorgegebenen Klangformationen umgesetzt werden sollen. Dazu werden die einzelnen Klangformationen auf Folie präsentiert und diskutiert (**Folie 8**, „Raumformationen", S. 81). Bei der eigentlichen anschließenden Umsetzung wird daran erinnert, dass ausschließlich Klänge erlaubt sind, die durch Lippenpressung und -formung erzeugt werden. Auch bei dieser Musik stehen der Raum und die Interaktion im Zentrum.

In einem weiteren Schritt werden eigene Vorstellungen für Raumformationen entworfen:

1. *Denken Sie sich eigene Raumformationen aus.*

2. *Lösen Sie sich allmählich von der Partitur mit ihrer Vorgabe der Lippenpressung zwecks Klangformung und realisieren Sie eigene Versionen mit Instrumenten. Denken Sie sich dafür Zeichen für bestimmte Klänge aus und halten Sie diese schriftlich fest.*

3. *Teilen Sie den Raum in verschiedene Zonen auf und entwerfen Sie einen Plan mit genauen Angaben, wo im Raum welche Klangaktion bzw. szenische Aktion stattfinden soll.*

4. *Machen Sie sich Gedanken über Interaktionen der Spieler im Raum und tragen Sie dies in Ihre Skizzen ein.*

5. *Proben Sie Ihre Konzepte und bereiten Sie eine Präsentation oder eine Aufführung in der Schule vor.*

6. *Überlegen Sie, wie Sie Personen aus dem Publikum integrieren können.*

Nach all diesen Vorarbeiten könnten nun Situationen aus dem Alltag, die mit Verhalten im Raum zu tun haben (siehe Baustein 1), in Klänge umgesetzt werden oder mit Klangkulissen untermalt werden.

Beispiele:
– Verhalten: Vorgesetzter – Untergebener
– Situationen in der U-Bahn, im Bus, im öffentlichen Verkehr
– Vordrängeln beim Anstehen in einer Schlange
– sich beim Einkaufen zu nahe an den Vordermann begeben
– im Schwimmbad sein Handtuch zu dicht an den Nachbarn legen
– sich im Restaurant zu laut unterhalten
– im Straßenverkehr drängeln

■ *Machen Sie sich Skizzen und finden Sie Zeichen für diese Vorgänge und die Reaktionen, die sie hervorrufen.*

■ *Setzen Sie Ihre Notationen klanglich und szenisch um.*

■ *Seien Sie offen für Kritik und erarbeiten Sie neue Umsetzungen Ihrer Version.*

Zum Komponisten Christian Wolff

Wolff wurde 1934 in Nizza geboren. Sein Vater war ein anerkannter Verleger expressionistischer Literatur (Kafka, Sternheim, R. Walser). Die Familie musste, da sie jüdischer Abstammung war, vor den Nazis fliehen und lebte seit 1941 in den USA.

Mit 16 Jahren schon wurde Christian Wolff Schüler von John Cage. Er blieb sein einziger Schüler.

Besonders beeindruckten ihn die Stücke für präpariertes Klavier. Wolff entschloss sich dann aber, nicht Musik, sondern klassische Sprachen und Literatur des Altertums an der berühmten Harvard Universität zu studieren. Danach wurde er Professor für Sprachen des Altertums, aber – ohne dass er dies je „richtig studiert hat" – auch Professor am Music Department in New Hampshire. Wolff stellt einen sehr hohen sozialen Anspruch an die Musik. Für ihn ist die Befreiung der Menschen von sozialen Zwängen und Repressionen wichtiger als die zumeist von seinen zeitgenössischen Musikerkollegen betriebenen Befreiungsaktionen für Klänge.

1. Ist es Ihrer Meinung nach möglich, durch Kunst und Musik soziale Veränderungen herbeizuführen? Begründen Sie Ihre Meinung.
   Denken Sie hierbei an die letzten Tage vor dem 9. November 1989 in Leipzig, als auch Künstler und Theaterleute zu der großen Demonstration aufgerufen haben, an der fast 10 000 Menschen teilnahmen ...

2. Kennen Sie eine Oper, in der soziale Missstände angeprangert werden?

3. Ermitteln Sie, warum die Stücke von Christian Wolff eher unbekannt sind.

4. Wenn es vorwiegend um soziale Aktionen geht und die Musik dabei unwichtig wird, leidet dann die Qualität der Musik?

Christian Wolff: Edges, 1969

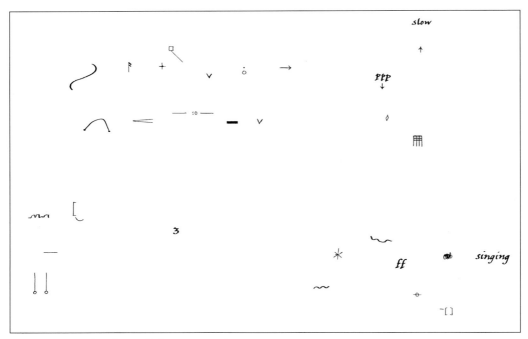

Anweisungen für die Aufführungspraxis

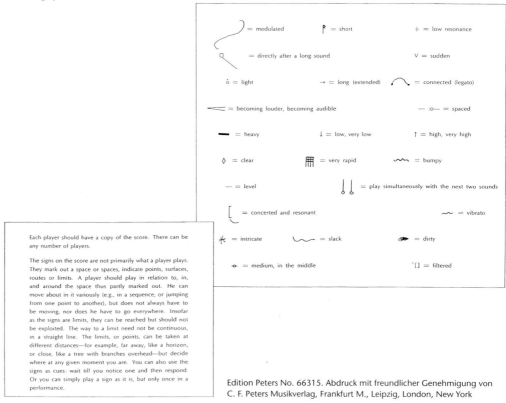

Edition Peters No. 66315. Abdruck mit freundlicher Genehmigung von C. F. Peters Musikverlag, Frankfurt M., Leipzig, London, New York

Vokabeln als Übersetzungshilfe für die Spielanweisungen und die verwendeten Zeichen:
bumpy: holprig, uneben; concerted: gemeinsam; intricate: kompliziert, verworren; slack: locker, nachlassend

1. Bilden Sie Gruppen und setzen Sie die Partitur gemäß Ihrer Interpretation um.
2. Vergleichen Sie die Ergebnisse.

Groundspace or Large Groundspace

Spielanweisung in Auszügen:

1. Erzeuge einzelne Klänge; Dauer gelegentlich sehr lang; Lautstärke sehr leise bis mf. Spiele Melodien oder Floskeln aus ca. vier Tönen oder Klangveränderungen [...] oder auch aus 3, 8, 25 Tönen bzw. Veränderungen. Lass zwischen den Aktionen Zeit, sodass man wenigstens ab und zu ein Gefühl für den Raum bekommt, in dem man spielt; mindestens einmal sollte ein Punkt erreicht werden, wo niemand zu spielen scheint.

2. Instrumente oder Klangquellen, die weit tragen, beginnen in mittlerer Entfernung vom Hörer, bewegen sich dann fort und verschwinden.

3. Für Instrumente oder Klangquellen, die sich nicht bewegen lassen, möge man Verstärker und Lautsprecher benützen (von den Klangquellen entfernt aufgestellt und – wenn möglich – beweglich).

4. Instrumente oder Klangquellen, die nicht weit tragen, beginnen in mittlerer Entfernung und nähern sich dem Hörer.

5. Irgendwann mag ein Spieler sich einen andern suchen und mit ihm ein Duo spielen.

Jeder Spieler sollte die Grenzen des Bereichs kennen, wo er bei jeder Lautstärke für mindestens einen anderen Ausführenden zu hören ist, und wo er selbst manchmal noch einen anderen Ausführenden hören kann. Sind diese Grenzen überschritten, mag man das Stück als beendet ansehen.

(© Christian Wolff, aus: Prose Collection 1969–1971, New Hampshire 1990, Frog Peak Music www.frogpeak.org)

1. *Setzen Sie das Stück „Groundspace or Large Groundspace" gemäß der Spielanweisungen um.*

Musik bewegt sich im Raum

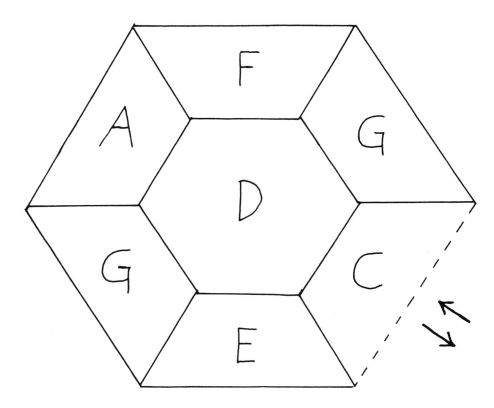

Wanderlied, Raumanordnung[1]

- Jedem Feld ist ein Ton zugeteilt, der gesungen wird, solange man sich in diesem Bereich aufhält. Im Bereich D können sich auch mehrere Spieler aufhalten. Er bildet dann so eine Art Grundton.
- Zur Tondauer: Die Töne werden so lange gesungen, bis der Spieler in ein anderes Feld wechselt.
- Ein- und Ausgang ist der Ton C (c'). Das Tempo soll ein ruhiges Schreiten sein.

Vorgeschlagen wird vom Komponisten eine pentatonische Variante der Realisation. Z. B. a g e d c.

Machen Sie einige Vorübungen für dieses Stück.

1. Markieren Sie den Raum und bereiten Sie sich für die Ausführung des Stückes vor.
2. Proben Sie mehrfach und mit Varianten, zuerst mit den vom Komponisten vorgeschlagenen, dann mit eigenen.
3. Legen Sie Instrumente mit festgelegten Tonhöhen in die Felder und versuchen Sie es mit einer instrumentalen Version. Denken Sie sich dazu selbst Regeln aus.
4. Nehmen Sie Instrumente mit fixierter Tonhöhe und „Geräuschinstrumente".
5. Kombinieren Sie Stimme und Instrumente.
6. Werten Sie Ihre Erfahrungen aus. Was haben Sie bei der Aktion gelernt? Was würden Sie bei einem erneuten Versuch anders machen?
7. Was halten Sie von der Verbindung von Tonvorstellung und Räumlichkeit?
8. Haben Sie die anderen wahrgenommen und gehört oder nur sich selbst?

---

[1] Diether de la Motte © by MOECK Musikinstrumente + Verlag e.K., D-29227 Celle

Dieter Schnebel

Dieter Schnebel wurde 1930 im badischen Lahr geboren. Er war von Anfang an sehr vielseitig ausgerichtet. Neben einem Studium an der Freiburger Musikhochschule studierte er Theologie, Musikwissenschaft und Philosophie. Er war lange Zeit als Musik- und Religionslehrer in München tätig. Dort gründete er an seiner Schule ein Ensemble Neuer Musik. Dieses Ensemble konzertierte in vielen Städten und führte die Werke zeitgenössischer Komponisten auf, darunter auch seine eigenen. Die Qualität der Aufführungen konnte man durchaus als professionell bezeichnen. Unter anderem traten sie auch mit der Komposition der „Maulwerke" an der Berliner Musikhochschule auf. Dort übernahm Schnebel 1976 eine eigens für ihn eingerichtete Professur für Komposition und Musikwissenschaft. Nebenbei setzte er seine Tätigkeit als Theologe in Berlin fort.

Seine Vorstellung von Komposition war sehr freiheitlich geprägt. Er wollte keine statischen Werke produzieren, sondern ihm ging es, ausgehend von der Cage'schen Position um eine offene Form und um Musik als Aktion. So entstanden die Stücke „Schulmusik", „Laut – Gesten – Laute", „Museumsstücke" und „Schaustücke". Anfänglich, unter dem Eindruck Schönbergs, komponierte Schnebel auch serielle Stücke, hat sich aber dann bald davon emanzipiert. Immer wieder faszinierte ihn die menschliche Stimme. Er forderte Interpreten und Zuhörer in vielen seiner Werke, wie beispielsweise in „Glossolalie", auf, genauestens der Entstehung von Lauten nachzuspüren und die vielfältigen Möglichkeiten der Nuancierung von Stimmlauten aufzunehmen. Aber auch Melodien fremder Sprachen und Instrumentalspiel als nichtssagende Phrasen dienen als musikalisches Material.

In seinen Werken wird nicht nur gesungen, sondern geflüstert, geschrien und schauspielerisch gearbeitet. In „Maulwerke" werden Klänge akribisch mit elektronisch verstärkten Mitteln präsentiert, unter anderem Kehlkopfspannungen, Atemzüge, Gurgelrollen und alles, was das Stimmorgan hergibt. Schnebel möchte diese „Musik" nicht nur „organisch" verstanden wissen, sondern er bezieht psychoanalytische Aspekte mit ein. Er geht davon aus, dass all diese Laute eine bestimmte Wirkung beim Zuhörer hinterlassen. Dieter Schnebel schrieb auch zahlreiche kirchenmusikalische Werke, die weit über den normalen Rahmen für Kirchenmusik hinausgingen, obwohl er nie die musikalische Tradition außer Acht ließ. Es gibt nicht viele Musiker, die so weit in den experimentellen Bereich gingen und dennoch nie die Ursprünge der Musik und ihrer Tradition außer Betracht ließen. Er setzte beispielsweise die Klaviersonate von Beethoven op. 10 Nr. 3 für Schlagzeug. Ob man Beethoven da noch erkennen kann? Eines seiner letzten Werke 1998 war die Oper „Majakowskis Tod", die in Leipzig uraufgeführt wurde.

Dieter Schnebel

1. Was hat Schnebel an der menschlichen Stimme fasziniert?
2. Warum hat Ihrer Meinung nach die Erzeugung von vielfältigsten Stimmlauten vielleicht eine psychoanalytische Wirkung?
3. Was hat den Komponisten an der sogenannten offenen Form fasziniert?
4. Welches Verständnis hat der Komponist von sozialer Interaktion? Gibt er den Spielern Freiheit oder tendiert er dazu, ihnen alles bis ins Detail vorzuschreiben?

Schnebel: visible music

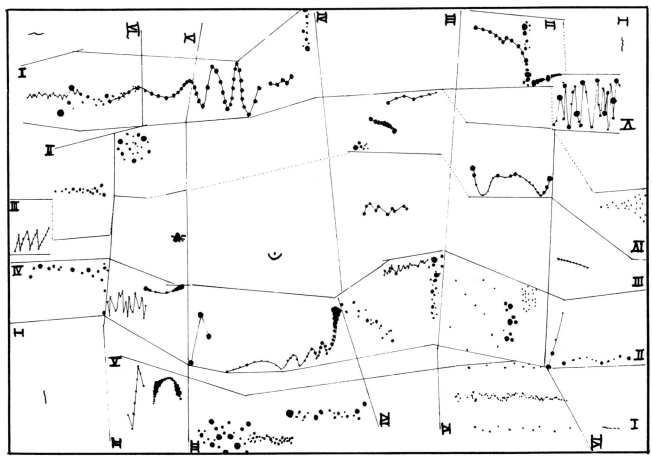

Dieter Schnebel: visible music 1960–1962 (© 1962 SCHOTT MUSIC, Mainz)

1. *Lassen Sie sich von der vorgelegten grafischen Spielanweisung inspirieren. Nehmen Sie <u>einzelne</u> Anregungen aus der Komposition auf und setzen Sie Teile davon um.*
2. *Schreiben Sie eine eigene Partitur und legen Sie den Ablauf fest.*
3. *Realisieren Sie Ihr Konzept und spielen Sie es den anderen vor.*

Schnebel: Raumformationen

3. Bildung von musikalischen Abläufen

3.0 Die Spieler sollten sich im Raum verteilen – jedenfalls nicht chorartig alle dicht beisammenstehen.

Es mögen folgende Abläufe geprobt werden:

3.1 Klangfläche (Tutti): alle spielen gleichzeitig, sodass ein einheitlicher Gesamtklang entsteht

3.2 Klangfläche mit Unruhe: alle spielen gleichzeitig, nicht sehr laut, aber einzelne Spieler treten mal hier, mal dort jeweils für kurze Zeit hervor

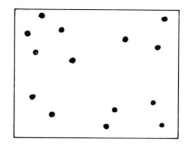

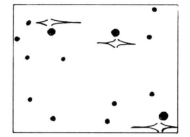

3.3 Klangwanderung: 1 → mehrere Spieler beginnen. Bald darauf setzen woanders 1 → mehrere andere Spieler unmerklich ein, übernehmen den Klang der Vorgänger. Diese hören allmählich auf. Während die Fortsetzenden allein weiterspielen, setzen wieder andere Spieler unmerklich ein, und ihre Vorgänger hören allmählich auf. Und so fort

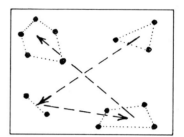

3.4 Klangweitergabe: 1 → 2 Spieler beginnen und hören nach einiger Zeit ganz deutlich auf. Im gleichen Augenblick beginnen 1 → 2 andere Spieler. Wenn sie enden, fangen wieder 1 → 2 andere an. Und so fort

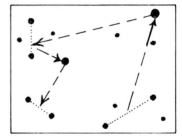

3.5 Klangsprünge (Soli): 1 Spieler führt ein Solo vor – präsentiert seine Funde. Danach mittlere → lange Pause. Dann führt ein anderer Spieler sein Solo vor. Pause. Sodann Solo des nächsten. Und so fort

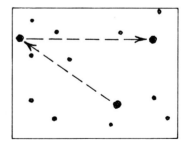

3.6 Klanginseln: 1 Spieler führt ein Solo vor, andere in der Nähe begleiten ihn sehr zurückhaltend. Ein anderer Spieler führt ein Solo vor; dgl. Und so fort

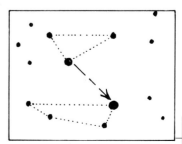

3.7 Klangfront: nacheinander einsetzen. Zunächst spielt jeder ziemlich leise, versucht dann in zunehmendem Maß den anderen, bzw. die anderen zu übertönen. Wenn eine große Lautstärke erreicht ist, mit den anderen gemeinsame Sache machen und eine Front bilden – zusammenrücken – um zu einer letzten Steigerung anzusetzen. Deren Maß bestimmt sich nach dem vorhandenen Widerstand

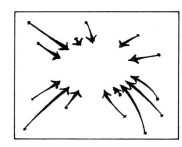

3.8 Klangsättigung: zunächst spielen alle gleichzeitig ziemlich laut: sich austoben. Allmählich lässt jeder in seinen Anstrengungen nach – zunehmend leiseres Spiel; Erholungspausen zwischen den Spielaktionen immer länger. Einen natürlichen Ruhestand zu erreichen suchen und aufhören, wenn man genug hat.

(Aus: Dieter Schnebel: Raumformationen © 1974 SCHOTT MUSIC, Mainz)

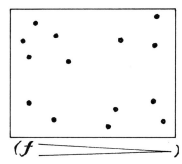

1. Denken Sie sich eigene Raumformationen aus.

2. Lösen Sie sich allmählich von der Partitur mit ihrer Vorgabe der Lippenpressung zwecks Klangformung und realisieren Sie eigene Versionen mit Instrumenten. Denken Sie sich dafür Zeichen für bestimmte Klänge aus und halten Sie diese schriftlich fest.

3. Teilen Sie den Raum in verschiedene Zonen auf und entwerfen Sie einen Plan mit genauen Angaben, wo im Raum welche Klangaktion bzw. szenische Aktion stattfinden soll.

4. Machen Sie sich Gedanken über Interaktionen der Spieler im Raum und tragen Sie dies in Ihre Skizzen ein.

5. Proben Sie Ihre Konzepte und bereiten Sie eine Präsentation oder eine Aufführung in der Schule vor.

6. Überlegen Sie, wie Sie Personen aus dem Publikum integrieren können.

Baustein 5

Klangbewusstsein – Raumbewusstsein – soziale Verantwortung

5.1 Murray Schafer: Soundscape und Klangbewusstsein

Im Mittelpunkt der Studien des kanadischen Komponisten stehen das Hören und die Neugestaltung der Klänge. Schafer hat den eng gefassten Kulturbegriff, der sich bis dahin auf den Konzertsaal beschränkte, erweitert und in die Natur und Umgebung des Komponisten und des Hörers hinausverlagert. Musik verbindet sich mit Sprache, mit Naturgeräuschen, mit Umweltgeräuschen und synthetischen Klängen. Dabei spielt die Stille als Ausgangspunkt für neue Erfahrungen und Erlebensweisen eine ganz bedeutende Rolle. Er ruft dabei alle, die dieses neue Hörbewusstsein mit ihm teilen wollen, auf, anders als bisher zu hören. „Er macht auf die Verkümmerung der individuellen Hörgewohnheiten aufmerksam, betont die Erfahrungen der alltäglichen Geräuschumwelt und will neue Klänge und Stille in der ganzen Gesellschaft verankern."[1]

In seiner „Anstiftung zum Hören" schreibt er Folgendes: „Ich bin der Überzeugung, dass ein *Soundscape* Design, die Gestaltung der Klangwelt, von innen her ihren Anfang nehmen muss, dass von sensibilisierten Menschen selbst nach dieser Gestaltung verlangt werden muss, wenn sie wirksam sein soll. Es handelt sich also um einen erzieherischen Prozess, der beim Einzelnen oder einer kleinen Gruppe beginnt und Schritt für Schritt sich ausweitet, Wellen nach einem Steinwurf ins Wasser vergleichbar, dabei mehr und mehr Menschen in sich vereinigt, bis er schließlich die gesamte Gemeinschaft erfasst hat und zu guter Letzt auch überall die Regierungen. Dann, wirklich erst dann, dürfen wir die Erwartung hegen, dass die Soundscape der Welt, die Lautsphäre der Erde, sich verändert, wieder an Schönheit und Anmut gewinnt und dabei jeder Ort seinen eigenen Charakter bewahrt."[2]

Mithilfe von **Arbeitsblatt 20**, „Murray Schafer: Anleitung für ein neues Hören", S. 93, und der Beantwortung der Aufgabe 1 wird in die Thematik von *Soundscape* eingeführt und auf die Bedeutung von Klängen für den Einzelnen hingewiesen.

1. Erinnern Sie sich an bestimmte Klänge, die für Sie persönlich eine große Bedeutung haben? Versuchen Sie diese in grafische Zeichen umzusetzen.

Jeder Mensch assoziiert mit bestimmten Klängen bestimmte Situationen. Beispielsweise könnte ein Klarinettenklang an einen Freund oder Verwandten erinnern, der ebenfalls dieses Instrument spielt. Auch Geräusche können an Situationen gemahnen, eine Sirene an einen einstmals erlittenen Unfall, ein spezifischer Handyton an das Ende einer Freundschaft u. a. m.

Murray Schafer gründete in den 70er-Jahren ein interdisziplinäres Gremium, mit dessen Hilfe er die Lärmgesetzgebung Kanadas an der Westküste untersuchte. Er veröffentlichte vergleichende Untersuchungen der akustischen Umwelt in Nordamerika und Europa und beriet ökologische Bürgerinitiativen, die sich für diese Studien interessierten (Werner 2006,

---

[1] Werner 2006, S. 21.
[2] Schafer in: Werner ebd., S. 7.

S. 28). Seine Schrift, die diese Ergebnisse zusammenfasste und den Grundstein für die Soundscape-Bewegung bildete, trug den Titel „The Tuning of the World".

- *Hören Sie zur Einstimmung einen Song von Woody Guthrie, der Sie auf die folgenden Themenbereiche einstimmen soll.*

| Musikbeispiel: | Woody Guthrie: This Land Is Your Land |

Dieser Song wird ohne weitergehenden Hörauftrag gegeben, da es im Sinne von Schafer darum geht, das Zuhören zu lernen. Das Musikstück von Woody Guthrie bietet sich für den Einstieg aus mehreren Gründen an. Zum einen ist es weit bekannt und entspricht im Allgemeinen den gewohnten Hörerwartungen. Dies wiederum kann zum anderen die Aufmerksamkeit und Konzentration auf den Text lenken, der eine ganze Bandbreite von Landschaften anspricht, von denen für sich genommen jede anders klingt. Dies wird im nachfolgenden Unterrichtsgespräch thematisiert, indem nach Sammlung der unterschiedlichen Orte, die Woody Guthrie anspricht, die Klangerwartungen zu den einzelnen Orten formuliert werden.

- *Welche Landschaften und Orte werden in dem Song von Woody Guthrie angesprochen?*
- *Überlegen und sammeln Sie, welche Klänge im Detail Sie für die jeweiligen Orte/ Landschaften erwarten.*

Mithilfe der zur Verfügung stehenden Instrumente wird sodann in einem nächsten Schritt für jede Landschaft in Gruppenarbeit arbeitsteilig ein instrumentaler Klangteppich entworfen und im Plenum vorgestellt.

- *Versuchen Sie, mit den Ihnen zur Verfügung stehenden musikalischen Mitteln eine der Landschaften/Orte klanglich zu realisieren.*
- *Stellen Sie Ihre Ergebnisse einander gegenüber und diskutieren Sie die unterschiedlichen Realisationen.*

Auf diese Weise werden die Schülerinnen und Schüler für die nachfolgende Thematik sensibilisiert.
Wie schon in Baustein 3 angedeutet, gab es seit den 70er-Jahren eine Gruppe von Musikern unter Federführung des Kanadiers Murray Schafer, die sich bald mit Wissenschaftlern anderer Fachgebiete zusammenschlossen und Studien und Klangprofile über die unmittelbare akustische Umwelt der Menschen in verschiedenen Ländern erstellten. Was sich zunächst relativ einfach anhört, nämlich die Erstellung von Klangdokumenten an verschiedenartigen Orten der Natur oder in Städten, stellt sich zunehmend als recht komplexe Angelegenheit heraus. Recht bald ergibt sich die Frage künstlerisch interessierter Menschen, ob denn das, was dabei herauskommt, noch Musik sei. Zusätzlich stellen viele Beteiligte die Frage, ob der Mensch überhaupt einen Einfluss auf die akustischen Gegebenheiten seiner Umwelt hat.
Murray Schafers erste Studie von 1972 basierte auf Hörelementen der Stadt Vancouver. Naturgeräusche, Meeresgeräusche und Stadtgeräusche wurden künstlerisch miteinander verbunden. Es entstand eine akustische „Skyline" von Vancouver.
„Die weit tragenden Nebelhörner mit ihren Echos, die Zeit-Raum-Rufe der Eisenbahnen überlagern das Transportgeräusch des Verkehrs, die Stimmen der Menschen, Straßenmusik, die Feste in Chinatown, europäisch klingende Glocken. Der schon damals atemlose Sound der Medien trifft auf die inzwischen verlorene Klangsprache der Indianer, die sich wie, am

und für das Wasser entfaltete."[1] Seine Studien erfuhren 1993 in der Gründung eines „World Forum for Acoustic Ecology" (WFAE) in Banff Kanada internationale Resonanz und Bedeutung. Hier trafen sich Forscher, Musikwissenschaftler und Künstler aus aller Welt, die ihre Erkenntnisse und Werke vortrugen und gemeinsam diskutierten. Zum ersten Mal wird von der Seite der Musiker aus darauf aufmerksam gemacht, dass der Mensch ein Recht hat, auf seine akustische Umgebung Einfluss zu nehmen. Später wird dieses neue Bewusstsein von Medizinern durch vielfältige Studien bis heute untermauert. In Deutschland wurden inzwischen Gesetze zum Lärmschutz erstellt.

Nachdem die Schülerinnen und Schüler über das vorangegangene Hörbeispiel eine ungerichtete Rezeptionshaltung eingenommen haben, werden Sie im Folgenden zielgerichtet zum Hören angeleitet.

| Hörbeispiel 15: | Murray Schafer: Here the Sounds Go Round, Dauer: 1:30 |

- *Hören Sie das Beispiel „Here the Sounds Go Round" und notieren Sie, welche Klänge Sie hören.*

- *Erfinden Sie einen Satz mit „Sound". Sprechen Sie alle zusammen (jeder in einem anderen Tempo), manchmal mit Pause. Hören Sie auf die anderen. Einer aus Ihrer Gruppe gibt Einsätze.*

- *Machen Sie eine Aufnahme und stimmen Sie die Stimmen aufeinander ab. Versuchen Sie eine Balance von „Hervortreten" und „im Hintergrund bleiben" zu erreichen.*

Hörereignisse in den ersten 4 Minuten

- Sprachfetzen,
- Sprachklänge,
- ganze Sätze in deutscher und englischer Sprache,
- Schiffshupen,
- Zuggeräusche,
- undefinierbares Flattern im Wind wie ein Schwarm Insekten bzw. Windräder,
- Wasser,
- Wasservögel,
- Hafengeräusche,
- gefilterte Geräusche elektronisch ...

| Hörbeispiel 16: | Murray Schafer: Horns and Whistles, Dauer: 3:13 |

- *Hören Sie das Beispiel „Horns and Whistles" und fertigen Sie eine Hörskizze an.*

- *Beschreiben Sie, welche Elemente einen Raumeindruck hervorrufen.*

- *Versuchen sie, den Raum mit darzustellen: Vordergrund im unteren Teil der Skizze, Hintergrund im oberen Teil.*

---

[1] Hans U. Werner: Soundscape-Dialog, Landschaften und Methoden des Hörens. Göttingen 2006 (Vandenhoeck und Ruprecht) 2006, S. 28.

Baustein 5: Klangbewusstsein – Raumbewusstsein – soziale Verantwortung

Hörskizze:

Legende:

Zug

Signalwarnzeichen

Dampfer

Verkehrsgeräusche

Hupen

Vögel

Dampfer Abschlusssignal

Mit den so gewonnenen Hörerfahrungen werden die Schülerinnen und Schüler angeregt, nicht nur eine eigene Hörskizze anzufertigen, sondern darüber hinaus das klanglich Wahrgenommene kreativ umzudeuten.

■ *Machen Sie selbst eine Umweltstudie. Öffnen Sie das Fenster. Ein Schüler oder eine Schülerin stoppt genau eine Minute ab. Notieren Sie mit grafischen Zeichen alle Geräusche, die Sie in dieser Zeit hören. Realisieren Sie in Gruppen Ihre Hörskizzen mit selbst gewählten Klangerzeugern aller Art. Verfeinern Sie Ihre Skizze und arbeiten Sie sie zu Hause als kleine Kompositionsstudie aus.*

Mit den folgenden Aufgaben zum Stück von Leonardo Fiorelli „Gris" werden die Erfahrungen, Wahrnehmungen und eigenen kreativen Umsetzungen zu Soundscape vertieft und auf einer Metaebene diskutiert. Dem Stück „Gris" von Fiorelli liegt folgender Text zugrunde:

Gris es sugerencia	Grau ist eine Andeutung.
Se desenvuelve en el tiempo mostrándose y ocultándose.	Es entwickelt sich in der Zeit, zeigt sich und verbirgt sich.
Es parte de una búsqueda.	Es ist Teil einer Suche.
Hay allí una realidad que se transparenta.	Es gibt da eine Wirklichkeit, die durchscheint.
Sugiere metal.	Es suggeriert Metall.
O el hormigón desnudo que delata una estructura.	Oder nackten Beton, der eine Struktur verrät.
Es un mmomento dentro de otro mayor.[1]	Es ist ein Augenblick innerhalb eines anderen, größeren.

Hörbeispiel 17: Leonardo Fiorelli: Gris, Dauer: 2:49

■ *Hören Sie eine sehr viel später entstandene Komposition einer Soundscape-Musik an. Sie wurde 2003 vom damaligen Studenten Leonardo Fiorelli im Rahmen eines Projekts „Klangerfahrung Montevideo" hergestellt. Der Titel der Komposition heißt „Gris". Überlegen und begründen Sie, warum die Komposition diesen Titel trägt.*

„Gris" ist hier der Gegensatz zu „Green", also zur vom Menschen unbeeinflussten Natur. Grau ist Beton. Grau „suggeriert" Metall, wie oben im Gedicht zu lesen ist. Grau hat zu tun mit Industrialisierung, Städtebau auf Kosten der Natur. Grau ist auch eine Stimmung. Sie ist niedergeschlagen und unterdrückt. Durch eine gewisse Monotonie der Klänge, die alle kompositorisch auf Eisenbahngeräusche zurückgehen, kann die Assoziation Grau begründet werden.

■ *Mit welchen Mitteln werden hier Räume geschaffen?*

Durch die Überlagerung von verschiedenen Klangschichten werden Raumassoziationen erzeugt. Die Klangschichten werden elektronisch verfremdet und erzeugen architektonisch einen imaginären Raum durch Vordergrund, Hintergrund, durch Stereophonie, d. h. hier

---

[1] Zit. in: Daniel Maggiolo, Soundscape Dialoge Kassel 2003 in: www.klangerfahrungen.mvd.uy; Übersetzung: Monika Tonner

unterschiedliche Schichten im rechten und linken Lautsprecher. So könnte man gleichzeitig mehrere Züge assoziieren, die in unterschiedliche Richtungen fahren.

Begleitet werden die Zuggeräusche ab und an vom Pfeifen, welches zwischenzeitlich ein- und ausgeblendet wird. Auch das Näherkommen von Zuggeräuschen durch dynamische Veränderung und das Wegfahren erzeugen räumlichen Charakter. Am Anfang wird stark mit Resonanz gearbeitet. Ein fahrender Zug im Tunnel wird assoziiert. Resonanz erzeugt unmittelbar Raumwirkungen.

■ *Warum entsteht der Eindruck der Mehrdimensionalität?*

Die Mehrdimensionalität wird durch die unterschiedlichen „Zeitschienen" hervorgerufen, in denen die Züge sich rhythmisch vorwärtsbewegen. Häufig hört man das rhythmische Geräusch (strukturierte Zeit) der Räder des fahrenden Zuges. Parallel dazu läuft ein Schichtgeräusch elektronischer Klänge quasi als Kontrast. Auch die völlige elektronische Transformation der Rhythmusgeräusche der fahrenden Räder bis hin zu einem leisen Knacken ergibt in der Kombination mit den anderen Klangschichten ein multidimensionales Klangbild.

■ *Der Untertitel heißt „Eine Klangkomposition über Zeit, Bewegung, Realität und Transparenz". Erinnern Sie sich an den Zusammenhang von Raum und Zeit (siehe Baustein 2). Dominiert hier der Eindruck von Zeit oder der von Raum oder bedingt ein Phänomen das andere?*

Hier gibt es ein recht komplexes Ineinandergreifen von Raum und Zeit. Durch die Rhythmisierung von Zeit entsteht ein räumlicher Eindruck. Allerdings ist die Zeit hier weder linear zu verstehen, noch zyklisch. Sie ist „multilinear" und mehrdimensional.

Einer der zeitgenössischen Maler hat sich ganz besonders mit der Farbe „Grau" auseinandergesetzt. Gerhard Richter schuf einen Zyklus „Acht Grau" mit überdimensionierten monochromen Objekten aus Glas. Er hatte eine kritische Haltung zum Sehen und wollte die Schaulust der Zuschauer nicht einfach so bedienen. Durch das transparente Material spiegelt sich der Betrachter teilweise selbst in den Bildern. Er wird auf sich selbst verwiesen. Dieser Werkzyklus wurde speziell für einen dafür vorgesehenen Ausstellungsraum konzipiert (Deutsche Guggenheim Berlin). Die Fenster wurden extra präpariert, damit die Spiegelung und die Eigenfarbe besser zur Geltung kamen und der räumliche Eindruck erweitert wurde. Richter bezieht in diesem Zyklus sowohl den Betrachter als auch den Raum mit ein.

Anfang der 70er-Jahre malte Richter, als Ausdruck seiner inneren Stimmung, Bilder in Grautönen. Sie bildeten einen Wendepunkt in seinem Schaffen auf dem Weg von der figürlichen Darstellung zur abstrakten Malerei. Richter sagt selbst, sie seien der Anfang und das Ende zugleich. Richter selbst formuliert seine Gedanken folgendermaßen: „[...] in den grauen Bildern ist es ein Mangel an Differenzierung, nichts, null, der Anfang und das Ende. In den Glasscheiben sind es die Analogien mit Haltungen und Möglichkeiten; in den Farbtafeln ist es der Zufall. Alles ist möglich, oder vielmehr: Form ist Unsinn."[1]

Einem Zyklus, der Cage gewidmet ist, wurde das im Folgenden abgedruckte Bild entnommen.

Mit dem **Arbeitsblatt 18**, „Gerhard Richter: Grau", S. 94, wird diese Auseinandersetzung dokumentiert.

1. *Ermitteln Sie Gründe, warum ein Maler von der Farbe Grau fasziniert ist? Was könnte er damit zum Ausdruck bringen?*

---

[1] Gerhard Richter 2002, S. 18

Richter drückt mit Grau eine Stimmung der Niedergeschlagenheit aus. Sie soll das Ende der Farben, die Lebendiges assoziieren lassen, bedeuten. Sie drückt aus, dass eine mehr und mehr technifizierte Umwelt den Menschen isoliert und ihn krank macht. Andere Maler drückten das Ende der Farben und ihrer Leuchtkraft mit der Farbe Schwarz aus. Dies ist ein Wendepunkt der Kunst und Ausdruck einer Kritik an nur noch profitorientierten Gesellschaftsformen, in denen Persönliches keinen Stellenwert mehr hat.

2. Was haben die Komposition von Fiorelli und das Bild von Richter gemeinsam?

Fiorelli	Richter
Assoziationen an Technik (elektronische Klänge)	kalte, technisch herstellbare Materialien (Metall, Glas)
Gesellschaftskritik Betonung auf technischen Errungenschaften wie Geschwindigkeit	Gesellschaftskritik und Kritik an der Kunst-Szene
	Reflexion der Relation Individuum/ Gesellschaft
keine Naturgeräusche (kaum wahrnehmbare Stimmfetzen)	keine Darstellung von Natur
keine menschlichen Gefühle	keine (wärmenden) menschlichen Befindlichkeiten
Identifikation mit Fortbewegung (Fortschritt?)	
Transparenz	Spiegelung (Narzissmus, Verlorenheit in einer entmenschlichten Gesellschaft)
Realismus	hoher Grad an Abstraktion
Suggestion imaginärer Räume	Suggestion imaginärer Räume
Sensibilisierung der Wahrnehmung der akustischen Umwelt	Sensibilisierung der Wahrnehmung und Bewusstmachung der eigenen Befindlichkeit

Auch in der Musik wurden Stimmungen mit Farbtönen assoziiert. So wurde eine ganze Stilrichtung nach einer Farbe benannt: der Blues.

3. Recherchieren Sie im Internet, was unter „Blues" zu verstehen ist. Gibt es vielleicht eine Beziehung zu den Grau-Bildern von Richter? Wenn ja, welche?

Richter drückt durch die Farbe Grau Niedergeschlagenheit und gleichzeitig Kritik an bestehenden Gesellschaftsformen aus. Grau meint auch die Abwesenheit von Farbe. Im Blues wird subjektive Befindlichkeit wie Trauer und depressive Stimmung zum Ausdruck gebracht. Dies kann sich sowohl auf persönliche zwischenmenschliche Erfahrungen, wie Verlassenheit, beziehen als auch auf die Reaktion auf unerfreuliche äußere Umstände.

5.2 Phil Glass: Koyaanisqatsi

Geht es bei Murray Schafer noch um Bewusstsein und Mitgestaltung der uns umgebenden Klanglandschaften, wird im letzten Teil dieses Bausteins ein Film vorgestellt, der durch die Eindringlichkeit der gezeigten Bilder und der ebenso wirksamen Musik Anlass gibt, über die eigene Rolle bei der Erhaltung der Natur und unserer Erde nachzudenken – ein nach dem gescheiterten Klimagipfel in Kopenhagen 2009 höchst aktuelles und politisches Thema. Ganz sicher kann niemand mit Musik die Welt verändern, auch nicht mit Filmen. So gibt der Regisseur Godfrey Reggio genügend Freiraum, sich bei der Betrachtung des Filmes „Koyaanisqatsi" eigene Gedanken zu machen. Der Regisseur schreibt:

> „Art has no intrinsic meaning. This is its power, its mystery, and hence, its attraction. Art is free. It stimulates the viewer to insert their own meaning, their own value. The film's role is to provoke, to raise questions that only the audience can answer. This is the highest value of any work of art, not predetermined meaning, but meaning, gleaned from the experience of the encounter [...]"
>
> (Reggio in: www.koyaanisqatsi.org; to insert: einsetzen, to gean: sammeln)

Für diesen Baustein ist der Einsatz des Films „Koyaanisqatsi" vorgesehen. Der Film beginnt mit einer Sequenz von sehr tiefen und beschwörend gesprochenen Wiederholungen des indianischen Wortes „Koyaanisqatsi". Dazu werden in Fels geritzte Zeichnungen der Hopi-Indianer ins Bild gebracht. Es folgen atemberaubende Bilder der Grand Canyons, die allmählich in Wolkenbilder übergehen. Musik und Bild verschmelzen zu einer faszinierenden Einheit. Allmählich wird der Bruch gezeigt in Form von Sprengungen, Bagger, die das Land zerstören bzw. wirtschaftlich erschließen, und Maschinenungetüme. Dann werden Bomben geworfen, sogar Atombomben. Menschen treten auf, hektisch und getrieben gehen sie ihrer Arbeit nach. Autos dominieren das Geschehen. Die Musik gerät dabei auch zunehmend aus den Fugen. Der Film schließt mit der Eingangsszene ab. Eine aufsteigende Rakete lässt nur noch Trümmer hinter sich. Am Schluss wird eine von den Hopi-Indianern überlieferte apokalyptische Prophezeiung gezeigt: „Wenn wir wertvolle Dinge aus dem Boden graben, laden wir das Unglück ein. Wenn der Tag der Reinigung nah ist, werden Spinnweben hin und her über den Himmel gezogen. Ein Behälter voller Asche wird vom Himmel fallen, der das Land verbrennt und die Ozeane verkocht."[1]
Sollte der Film nicht vorliegen oder eine Anschaffung nicht angedacht sein, so ist es auch möglich, den folgenden Aufgabenblock zu überspringen und sich im weiteren Verlauf ausschließlich mit der Musik zu beschäftigen. Angeregt wird gleichwohl der Einsatz des Films. Die Schülerinnen und Schüler sollen nach Betrachtung der Hälfte des Films folgende Aufgabe beantworten. Angeregt wird hierbei eine Stillarbeit und ein Schreibauftrag.

■ *Inwieweit sehen Sie sich in der Verantwortung gegenüber der Erhaltung der Natur? Wie könnte Ihr kleiner Beitrag gegen die Zerstörung des natürlichen Gleichgewichts sein?*

Die Antworten zu diesen Fragen sind nicht vorausplanbar. Gerade aber durch die Ereignisse in jüngerer Vergangenheit darf eine erhöhte Bereitschaft zur Verantwortung gegenüber der Natur erwartet werden.
Die Aufgaben zum Leben und Werk des Regisseurs Godfrey Reggio sind im Rahmen eines Referates zu bearbeiten.

---

[1] Zit. in: wikipedia.org/wiki/Koyaanisqatsi

Baustein 5: Klangbewusstsein – Raumbewusstsein – soziale Verantwortung

Das Wort „Koyaanisqatsi" kommt aus dem Indianischen und geht auf den Stamm der Hopi-Indianer zurück. Es beschreibt das Leben, welches aus dem ursprünglichen Gleichgewichtszustand gebracht wurde (Life out of Balance). Der Film ist der erste Film einer „Qatstrilogie" und entstand zwischen 1975 und 1982.

- Recherchieren Sie im Internet über das Leben und Werk von Godfrey Reggio.
- Haben die 14 Jahre, die Reggio im Kloster verbrachte, diesen Film beeinflusst?

Die Jahre der Einkehr haben bei Reggio tiefe Einsichten in das Zerstörungspotenzial des Menschen angesichts der Natur gebracht. Im Zusammenhang damit wird er sich seiner Verantwortung gegenüber anderen, sozial schwächer gestellten Menschen bewusst und seiner Verantwortung zur Erhaltung des Gleichgewichts in der Natur.

- Will er uns nicht doch eine Botschaft überbringen oder welche Rückschlüsse ziehen Sie aus dem Film?

Reggio möchte uns allen die Schönheit der Natur bewusst machen und ihre Anfälligkeit für destruktive Eingriffe vor allem vonseiten der Menschen selbst. Das größte Zerstörungspotenzial hat die Atombombe bzw. der nur auf Ausbeutung der Ressourcen ausgerichtete Bau von Atomkraftwerken und Industrieanlagen, die in erster Linie profitorientiert sind. Der Film fordert uns alle auf, Verantwortung zu übernehmen.

Der Komponist der Filmmusik Phil Glass wurde mit dieser Musik weltberühmt. Nach eigenen Angaben schätzte er sich selbst gar nicht so bedeutend ein. Er meinte, er würde immer nur eine Rolle als Außenseiter in der Musikwelt spielen. So fuhr er bis zu seinem 43. Lebensjahr Taxi in New York, um als Musiker zu überleben.

Phil Glass entwickelte ab Anfang der 70er-Jahre einen eigenen Kompositionsstil, der der Minimal Music zugeordnet wird. Prinzipien der Minimal Art, wie Beschränkung auf Kleinstmotive, die ständig wiederholt werden, aus denen heraus unmerklich neue Varianten entwickelt werden, deren Unterschiedlichkeit oft gar nicht bewusst wahrgenommen wird, werden in die Musik übertragen. Die Veränderungen laufen meistens unmerklich ab. Subkutan prägen sie sich dann ins Unterbewusstsein ein. Glass wurde in seiner Zusammenarbeit mit Ravi Shankar mit indischen Klangprinzipien bekannt gemacht. In der indischen Musik wird der Ton bzw. Klang erst über einen langen Zeitraum gesucht und kontinuierlich entwickelt. Der Musiker versenkt sich völig in seine Musik und verliert dadurch sein gewohntes Zeitgefühl. Die Musik bekommt eine suggestive Wirkung. Die kognitive Aufmerksamkeit, das heißt unser analysierender Verstand, wird abgelöst von einem meditativen Musizieren, welches sich auf den Hörer überträgt.

Zunächst wird die Filmmusik von Phil Glass in zwei Abschnitten wiedergegeben. Die Klasse wird in zwei Gruppen eingeteilt.

Hörbeispiel 18:	Phil Glass: Clouds (Koyaanisqatsi), Dauer: 1:58
Hörbeispiel 19:	Phil Glass: Resource (Koyaanisqatsi), Dauer: 2:44

- Malen Sie Bilder zu der Musik. Gruppe A zum ersten Teil, Gruppe B zum zweiten Teil.
- Erläutern Sie Ihre Vorstellungen und Eindrücke.
- Hören Sie sich anschließend den Übergang der beiden Ausschnitte an (Wolken, Bagger, Sprengung, Stromgewinn). Was ändert sich in der Musik? Achten Sie dabei besonders auf den Bass und die Repetitionen.

Baustein 5: Klangbewusstsein – Raumbewusstsein – soziale Verantwortung

■ *Hören Sie „Clouds" erneut. Durch welche Parameter wird ein schwebender Raumeindruck erreicht? Analysieren Sie dazu Tonlage, rhythmische Struktur, Klangfarben, Harmonik und die wichtigsten Figuren.*

Falls die Schüler mit den genauen Tonhöhenbezeichnungen überfordert sind, genügt es, die Intervalle zu bezeichnen, z. B. unter Figuren: Wechselklang in kleinen Sekundschritten. Im Verlauf des Stückes werden die Figuren dann transponiert.

Analyse Hörbeispiel „Clouds"

- Tonlage zu Beginn: erst a' (mittlere Lage), gewinnt dann sofort an Volumen durch die abwärtsgeführten Bässe bis zum fanfarenartigen Einwurf.
- Rhythmische Struktur: Jede rhythmische Schicht hat ein anderes Tempo, schnelle Repetitionen (eine Schicht), Untergrund Bass, langsame Tonschritte, die wiederholt werden.
- Klangfarben: Anfang wie Hörner, Repetitionen stechend wirkender elektronischer Klang, Bässe wirken später wie tiefe Streicher.
- Harmonik: ab fanfarenartigem Einwurf ständige Rückungen, dadurch starke Raumassoziationen.
- Die wichtigsten musikalische Figuren: zu Beginn Tonrepetitionen (auf e, dann auf f).
- Später wellenartiges Gebilde, (lang anhaltender Wechsel von efefefefef ...), im Bass Wiederholung langsamer, schrittweise unterlegter Tonfolgen (Figur E, Fis, E, Fis, F, C, F, C ...),

➡ Resümee: Es wird sowohl mit Komplexität als auch mit Wiederholung gearbeitet.

„Resource" – Hörergebnis: Der schrittweise abwärtsgeführte Bass wirkt unerbittlich und bedrohlich. Die bis zur Nerverei gehenden Wiederholungen des a-Moll-Dreiklangs (1. Umkehrung) in der immer gleichen Lautstärke wirken zerstörerisch.
Glass schichtet verschiedene Strukturen übereinander. Dadurch entsteht eine starke Raumwirkung.

 Es folgen Aufgaben, die die Schüler anregen, selbst Motive übereinanderzuschichten und musikalisch umzusetzen (siehe **Arbeitsblatt 22**, „Minimal Music zum Film spielen", S. 95). Hierzu ist notwendig, dass die Schülerinnen und Schüler über eine grundlegende spieltechnische Kompetenz verfügen. Die Motive sind der Filmmusik entnommen, können aber frei weitergeführt werden. Für das musikalische Vorhaben ist Gruppenarbeit angedacht. Die einzelnen Gruppen sollten dabei in unterschiedlichen Räumen ihre Schichtkompositionen zum Film probieren. Diese geschichteten Klangfolgen werden zu zwei Filmausschnitten gespielt (mindestens die ersten 20 Min. des Films; ab 15:50 etwa Beginn des zweiten Teils Naturzerstörung durch den Menschen).
Ein eigener Film *Soundscape* mit Interviews zum persönlich erlebten Klangraum mit seinen ggf. störenden Beeinträchtigungen, mit selbst gemalten oder fotografierten Bildern zum Thema, mit Musik, die zum Film oder zu Bildern komponiert und umgesetzt wird oder unterlegt wird, kann im Rahmen dieses Projekts verwirklicht werden und in eine Ausstellung münden.

Murray Schafer: Anleitung für ein neues Hören

Schafer wurde 1933 in Sarnia, Ontario geboren und studierte zunächst Klavier bei dem Lehrer von Glenn Gould, Albert Guerrero, sowie Cembalo und Komposition. Er befasste sich darüber hinaus mit Literatur und Kommunikationstheorie. Außerdem lernte er mittelhochdeutsch und arbeitete als Journalist am BBC und organisierte „polystilistische Konzerte" in Toronto.[1] Danach wurde er Professor für Musik und Soundscape in Vancouver. In der Musikpädagogik machte er sich einen Namen mit seinen Veröffentlichungen „Zur Schule des Hörens" in der Universal Edition Wien, die sogenannten Roten Hefte. 1975 zog er sich jedoch in die Natur Kanadas zurück und ging dort seinen Forschungen nach und widmete sich seinen Kompositionen. Er schrieb Gesamtkunstwerke, Opern, die stark von Naturgeräuschen geprägt waren, verknüpft mit Elementen des Theaters. Werner bezeichnet sie als „KlangRaumOpern", in denen alle Künste zusammenfließen.[2] Nach seinem Rückzug von der internationalen Forscherbühne der Soundscapebewegung wurden seine Ideen weltweit von Wissenschaftlern und Künstlern weitergeführt.

Eine der führenden Komponistinnen heute ist die Kanadierin Hildegard Westerkamp.

„Vielleicht ist es so, wie John Cage einmal sagte, je länger man einem Klang zuhört, desto interessanter wird er. Wir machen in der Hörerziehung oft Improvisationen mit diesen Klängen, oder kleine Kompositionen. Dann fordere ich die Hörenden auf, sich zu diesen Tönen Geschichten auszudenken. Jede dieser Geschichten ist völlig verschieden von den anderen. Die Klänge regen also unsere Vorstellungskraft sehr intensiv und ganz individuell an. Ich rede nun nicht von komplizierten Klängen, sondern dem Geräusch von Papier, Holz, Metall oder Glas [...]. In unserer Klangbiografie finden sich viele Klanginformationen, die nur wir selber kennen. Dazu gehört zum Beispiel auch der Klang unserer Stimme, die wir aber oft nicht bewusst erleben und gestalten."

(Schafer in: Werner, Hans U.: Soundscape-Dialog, Landschaften und Methoden des Hörens. Göttingen (Edition Zuhören, Vandenhoeck und Ruprecht) 2006, S. 36)

1. Erinnern Sie sich an bestimmte Klänge, die für Sie persönlich eine große Bedeutung haben? Versuchen Sie diese in grafische Zeichen umzusetzen.

William Turner: Rain, Steam and Speed – The Great Western Railway, vor 1844

2. Nehmen Sie dieses Bild als Vorlage für eine Klangkomposition. Suchen Sie sich gezielt Elemente aus, die Sie im Einzelnen vertonen wollen. Setzen Sie die Elemente als Klangkomposition zusammen und überlegen Sie genau, wie Sie Zeit, Raum und Bewegung zum Ausdruck bringen wollen. Setzen Sie dabei mehrfarbige Pfeifsignale ein wie Schafer in seiner Komposition „Horns and Whistles".

---

[1] Werner, Hans U.: Soundscape-Dialog, Landschaften und Methoden des Hörens. Göttingen (Edition Zuhören, Vandenhoeck und Ruprecht) 2006, S. 31.
[2] Ebd., S. 32.

Gerhard Richter: Grau

Einer der zeitgenössischen Maler hat sich ganz besonders mit der Farbe Grau auseinandergesetzt. Gerhard Richter schuf einen Zyklus „Acht Grau" mit überdimensionierten Farbobjekten aus Glas. Er hatte eine kritische Haltung zum Sehen und wollte die Schaulust der Zuschauer nicht einfach so bedienen. Durch das transparente Material spiegelt sich der Betrachter teilweise selbst in den Bildern. Er wird auf sich selbst verwiesen. Dieser Werkzyklus wurde speziell für den Ausstellungsraum konzipiert (Deutsche Guggenheim Berlin). Die Fenster wurden extra präpariert, damit die Spiegelung und die Eigenfarbe besser zur Geltung kam. Richter bezieht in diesem Zyklus sowohl den Betrachter als auch den Raum mit ein. Anfang der 70er-Jahre malte Richter, als Ausdruck seiner inneren Stimmung, Bilder in Grautönen. Sie bildeten einen Wendepunkt in seinem Schaffen auf dem Weg von der figürlichen Darstellung zur abstrakten Malerei. Richter sagt selbst, sie seien der Anfang und das Ende zugleich. Einem Zyklus, der Cage gewidmet ist, wurde das im Folgenden abgedruckte Bild entnommen.

Gerhard Richter: Cage 3, 2006

1. Ermitteln Sie Gründe, warum ein Maler von der Farbe Grau fasziniert ist? Was könnte er damit zum Ausdruck bringen?
2. Was haben die Komposition von Fiorelli und das Bild von Richter gemeinsam?

Auch in der Musik wurden Stimmungen mit Farbtönen assoziiert. So wurde eine ganze Stilrichtung nach einer Farbe benannt: der Blues.

3. Recherchieren Sie im Internet, was unter „Blues" zu verstehen ist. Gibt es vielleicht eine Beziehung zu den Grau-Bildern von Richter? Wenn ja, welche?

Minimal Music zum Film spielen

1. Fügen Sie dem Anfangsmotiv aus dem Film
   a. eine Tremoloschicht
   b. eine gebrochene Dreiklangsbewegung
   c. eine Schicht aus Tonrepetitionen
   hinzu.

© Mit freundlicher Genehmigung EDITION WIlHELM HANSEN HAMBURG

2. Schichten Sie die gefundenen Varianten übereinander, variieren Sie sie je nach Thematik und legen Sie sie folgenden Ausschnitten des Filmes zugrunde:
   - den Bildern des Grand Canyon
   - den Wolkenbildern
   - der Schnittstelle Technik/Naturzerstörung

3. Hören Sie selbst andere Motive der Originalmusik von Phil Glass heraus und verfahren Sie mit ihnen genauso. Wählen Sie dafür insbesondere den Ausschnitt zu Beginn (Grand Canyon) und den Übergang zum Teil der fortschreitenden Zerstörung der Natur aus.

Literaturverzeichnis

Androsch Peter: Das Akustische Manifest im Wortlaut in: www.hoerstadt.at 2009

Bandura, Albert: Sozial-kognitive Lerntheorie. Stuttgart (Klett) 1979, Hg. d. dtsch. Ausg.: Rolf Verres

Beckmann, Regine: Klangkunst – Christina Kubischs Arbeiten mit elektromagnetischer Induktion. Unveröff. Manuskript, Hausarbeit Westfäl.-Wilhelms-Universität Münster 2009

Broecking, Christian: Phil Glass. In: Programmheft Schleswig-Holstein Musikfestival 2004, Norddruck Neumann, Kiel

de la Motte, Diether: Musik bewegt sich im Raum. Celle (Moeck) 1987

de la Motte, Helga: klangkunst eine neue gattung? In: Klangkunst München (Prestel) 1996

de la Motte, Helga: Musik und bildende Kunst. Laaber 1990

Demmler, Martin: Komponisten des zwanzigsten Jahrhunderts. Stuttgart 1999

Elliot, Patrick: A Compagnion Guide to the Scottish National Gallery of Modern Art, Edinburgh (the Trustees of the National Galleries of Scotland) 1999

Fast, Julius: Körpersprache, Reinbek (Rowohlt) 1993

Fast, Julius: Körpersprache. Reinbek (Rowohlt) 1971

Frank, Michael: Ruhe bitte! In: Süddeutsche Zeitung Nr. 206, 8.9.2009

Gaßner, Hubertus; Lange, Christiane; Wick, Oliver (Hg.): Mark Rothko. Retrospektive. München (Hirmer) 2008.

Geuter, Ulfried: Achtsamkeit – das Mittel gegen den Alltagsstress. In: Psychologie heute, August, Weinheim und Basel (Beltz) 2008, S. 20 – 25

Harrer, Gerhart (Hg.): Grundlagen der Musiktherapie und Musikpsychologie. Stuttgart (Klett) 1975

Helms, H. G.: Unveröffentlichtes Manuskript einer Rundfunksendung

Herzogenrath, Wulf, Lähnemann, Ingmar: Christina Kubisch Stromzeichnungen/Electrical Drawings. Heidelberg (Kehrer) 2008

Krathwohl, David R.; Bloom, Benjamin; Masia, Bertram B.: Taxonomie von Lernzielen im affektiven Bereich, Weinheim und Basel (Beltz) 1975

Liedke, Rüdiger: Die Vertreibung der Stille. München (Bärenreiter) 1996, 2. Aufl.

Loef, Martina: Raumsoziologie, Frankfurt a. M. (Suhrkamp) 2001

Luo, Michael: Exploring the Social Boundaries of Subway Seating in: The New York Times, September 27, 2004 in: Süddeutsche Zeitung

Maggiolo, Daniel: Soundscape Dialoge Kassel 2003 in: www.klangerfahrungen.mvd.uy

Metzger, Heinz-Klaus, Riehn Rainer: Dieter Schnebel. Musikkonzepte. München (edition text und kritik) 1980

Molcho, Samy: Alles über Körpersprache. München (Goldmann) 2002

Molcho, Samy: Körpersprache als Dialog. München (Goldmann) 1988

Peters, Manfred: Dieter Schnebels „Blasmusik" aus „Schulmusik". In: Musik und Bildung 10/Mainz (Schott) 1976, S. 513 – 518.

Raeburn, Michael und Kendall, Alan (Hg.): Geschichte der Musik Bd. IV. Mainz (Schott) 1993

Richter, Gerhard: Acht Grau. Deutsche Guggenheim Berlin 2002, Ausstellungskatalog (Deutsche Bank und The Solomon R. Guggenheimfoundation, New York)

Ruhrberg, Schneckenburger, Fricke, Honnef, Ingo F. Walther (Hg.): Kunst des 20. Jahrhunderts. Köln, Taschen Bd. II

Satie, Erik: Sport und Vergnügen, Das Hör- und Bilderbuch. Jaro Medien 2001

Scaligero, Massimo: Raum und Zeit. Ostfildern (edition tertium) 1995

Schnebel, Dieter: Denkbare Musik. Köln (DuMont Schauberg) 1972

Schnebel, Dieter: nostalgie. Mainz (Schott) 1971

Schnebel, Dieter: Schulmusik. Mainz (Schott) 1974

Schnebel, Dieter: visible music. Mainz (Schott) 1971

Schulz, Bernd: Robin Minard. Heidelberg (Kehrer) 1999

Tadday, Ulrich: Klangkunst. München 2008

Weber, Heinz: Einführung zu der Klangarbeit „Tram S Atlantik" unveröff. Manuskript, Katalog 1996

Wehmeyer, Grete: Erik Satie. Regensburg (Bosse) 1974

Werner, Hans U.: Soundscape-Dialog, Landschaften und Methoden des Hörens. Göttingen (Edition Zuhören, Vandenhoeck und Ruprecht) 2006

Wolff, Christian: Prose Collection, http://www.frogpeak.org/unbound/wolff/wolff_prose_collection.pdf

www.koyaanisqatsi.org

www.planet-interview.de

CD- und Musikquellenverzeichnis

Hörbeispiele

Hörbeispiel 1
Arnold Schönberg: Begleitmusik zu einer Lichtspielszene, op. 34, 0:56
Transkription für Kammerorchester von Johannes Schöllhorn
CD: Lichtspielmusik, ensemble recherche edition 5, lothar zagrosek, © 1995
AUVIDIS France, MO 782068, WDR (LC 07496)

Hörbeispiel 2
Kayhan Kalhor: Blue as the Turquoise Night of Neyshabur, 4:35
CD: Silk Road Journeys. When Strangers meet, Yo-Yo Ma & The Silk Road Ensemble, ℗ 2001 Sony Music Entertainment Inc. Sony Classical 0897822000 (LC 6868)

Hörbeispiel 3
Tobias Kintrup und Fabian Prolingheuer: Vertonung des Bildes „Subway" von Rothko, 2:46
Privataufnahme (Wilhelms-Universität Münster, 2008)

Hörbeispiel 4
Ludwig van Beethoven: Klaviersonate in E-Dur, op. 109, 1:46
CD: Beethoven Sonatas, Wilhelm Backhaus, ℗ 1964, 1968, 1969 Decca Music Group Limited, CD 8, 4757198, London 2006 (LC 00171)

Hörbeispiel 5
Claude Debussy: Prélude Nr. VIII, Heft II, „Ondine", 1:11
CD: Claude Debussy: Das Gesamtwerk für Klavier, Jörg Demus, CD 3, Amadeo Classic Sound 423272-2, © 1987 Polygram GmbH, Wien 1987 (LC 07340)

Hörbeispiel 6
Steve Reich: Drumming, 3:07
CD: Steve Reich and Musicians: Drumming, © 1987 Elektra/Aylum/Nonesuch Records, 7559-79170-2, WE 807 (LC 0286)

Hörbeispiel 7
Claude Debussy: Prélude Nr. X, Heft 1, „La cathédrale engloutie", 2:34
CD: Claude Debussy: Das Gesamtwerk für Klavier, Jörg Demus, CD 3, Amadeo Classic Sound 423272-2, © 1987 Polygram GmbH, Wien 1987 (LC 07340)

Hörbeispiel 8
Ludwig van Beethoven: Klaviersonate in f-Moll op. 2 Nr. 1, 0:58
CD: Beethoven Sonatas, Wilhelm Backhaus, ℗ 1964, 1968, 1969 Decca Music Group Limited, CD 1, 4757198, London 2006 (LC 00171)

Hörbeispiel 9
John Adams: Short Ride in a Fast Machine, 2:23
CD: John Adams: Harmonielehre, Simon Rattle, City of Birmingham Symphony Orchestra, © 2007 EMI Records Ltd. (LC 06646)

Hörbeispiel 10
Erik Satie: Le bain de mer, 0:43
CD: Erik Satie: Sport & Vergnügen, Johannes Cernota (Klavier), Constanze Brüning (Sprache, Gesang), ℗ & © 2001 JARO Medien GmbH (LC 08648)

Hörbeispiel 11
Erik Satie: Musique d'ameublement 2:00
CD: Satie, Relâche – Vexations – Musique d'ameublement/Hindemith, Concertpiece for Trautonium & Strings. Ensemble Ars Nova, Marius Constand, Michel Dalberto, Oskar Skala, Munich Chamber Orchestra, Hans Stadlmair, Wea Apex Classics UK, ℗ 1980 Erato Disques, ℗ 1980 Teldec Classics International GmbH © 2004 Warner Classics, Warner Music Group, a Time Warner Company (LC 02822)

Hörbeispiel 12
Aaron Jay Kernis: Invisible Mosaic III, 1:39
CD: Aaron Jay Kernis, Second Symphony. Musica celestis. Invisible Mosaic III, City of Birmingham Symphony Orchestra, Hugh Wolff, ℗ + © 1997 The Decca Record Company Limited, London (LC 0115)

Hörbeispiel 13
Heinz Weber: TRAM S ATLANTIK, 3:16
Privataufnahme des Komponisten 1996
© Heinz Weber, Berlin

Hörbeispiel 14
Robin Minard: Music for Quiet Spaces, 2:59
CD: Robin Minard: Silent Music, Saarländischer Rundfunk Music for Quiet Spaces (1984)/Neptun (1996), EDRZ 10007, CD-Beilage in: Robin Minard: Silent Music hrsg. von Bernd Schulz, Kehrer Verlag, Heidelberg 1999, CD Produktion: Soundman, Shop Berlin (LC 01157)

Hörbeispiel 15
Murray Schafer: Here the Sounds Go Round, 1:30
© Murray Schafer
(entnommen der Beilage in Hans U. Werner: Soundscape-Dialog. Landschaften und Methoden des Hörens, Vandenhoeck & Ruprecht GmbH & Co. KG, Göttingen 2006)

Hörbeispiel 16:
Murray Schafer: Horns and Whistles, 3:00
© Murray Schafer
(entnommen der Beilage in Hans U. Werner: Soundscape-Dialog. Landschaften und Methoden des Hörens, Vandenhoeck & Ruprecht GmbH & Co. KG, Göttingen 2006)

CD- und Musikquellenverzeichnis

Hörbeispiel 17
Leonardo Fiorelli: Gris, 2:49
© Leonardo Fiorelli, Uruguay
(entnommen der Beilage in Hans U. Werner: Soundscape-Dialog. Landschaften und Methoden des Hörens, Vandenhoeck & Ruprecht GmbH & Co. KG, Göttingen 2006)

Hörbeispiel 18
Philip Glass: Clouds (aus Koyaanisqatsi), 1:58
CD: Koyaanisqatsi, Soundtrackversion, ℗ & © 2009 Orange Mountain Music, New York

Hörbeispiel 19
Philip Glass: Resource (aus Koyaanisqatsi), 2:44
CD: Koyaanisqatsi, Soundtrackversion, ℗ & © 2009 Orange Mountain Music, New York

(Bis auf Hörbeispiel 10 handelt es sich jeweils um Ausschnitte.)

Bilder als jpg-Datei

01   Mark Rothko: Ohne Titel (U-Bahn)
02   Peter Lanyon: Solo Flight
03   Mönch
04   Horizont
05   Charles Martin: Le bain de mer
06   Robin Minard: Music for Quiet Spaces
07   Robin Minard: Brunnen
08   William Turner: Rain, Steam and Speed. The Great Western Railway
09   Gerhard Richter: Cage 3

Bildquellenverzeichnis

Verlagsarchiv Schöningh/Ursula Ditzig-Engelhardt: S. 19, 86 – picture-alliance/imagestate/Impact Photos/Mark Henley: S. 23, 25 – Photographie Thomas Klinger, D 83486 Ramsau: S. 26 (beide) – © Kate Rothko-Prizel & Christopher Rothko/VG Bild-Kunst, Bonn 2011: S. 28 und CD – © Sheila Lanyon. All Rights Reserved/VG Bild-Kunst, Bonn 2011: S. 29 und CD – Rabouan/heimis.fr/laif: S. 30 o. und CD – Getty Images/Britain On View/Lewis Phillips: S. 30 u. und CD – Artservices: S. 42 – © BRIDGEMANART.COM: S. 48 o. und CD – Christina Kubisch: S. 52, 54, 60, 61 (beide) – Foto Niko Catania: S. 56 – Foto: Lidia Karbowska: S. 57 – Foto: Stiftung Saarländischer Kulturbesitz/ Tom Gundelwein: S. 62 und CD – Foto: Hans-Wulf Kunze: S. 64 und CD – Wikipedia: S. 75 – akg-images/Harald Fronzeck: S. 79 – Nationalgalerie London: S. 95 und CD – © Gerhard Richter 2012: S. 94 und CD

Sollte trotz aller Bemühungen um korrekte Urheberangaben ein Irrtum unterlaufen sein, bitten wir darum, sich mit dem Verlag in Verbindung zu setzen, damit wir eventuell notwendige Korrekturen vornehmen können.

EinFach Musik
Unterrichtsmodelle

Herausgegeben von Norbert Schläbitz

Klassik? Klassik!
Klassische Musik im Unterricht
Von Ernst Klaus Schneider
99 S., zahlr. Abb., mit CD
DIN A4, kart., Best.-Nr. 018075

Romantik in der Musik
Von Norbert Schläbitz
102 S., zahlr. Abb., mit CD
DIN A4, kart., Best.-Nr. 018072

Expressionismus
Von Frauke Heß
und Matthias Henke
101 S., einige Abb., mit CD
DIN A4, kart., Best.-Nr. 018090

Neue Musik
Von Stefanie Dermann
102 S., einige Abb., mit CD
DIN A4, kart., Best.-Nr. 018073

Populäre Musik analysieren und interpretieren am Beispiel des Soul
Von Bernhard Weber unter
Mitarbeit von Norbert Schläbitz
104 S., einige Abb., mit CD
DIN A4, kart., Best.-Nr. 018076

Mozart
Von Matthias Korten
101 S., einige Abb., mit CD
DIN A4, kart., Best.-Nr. 018074

Ludwig van Beethoven
Ein Leben für die Kunst
Von Werner Abegg
und Michael Schultheis
98 S., einige Abb., mit CD
DIN A4, kart., Best.-Nr. 018080

Musik und Bild
Von inneren und äußeren Bildern
Von Ursula Ditzig-Engelhardt
89 S., vierfarb., zahlr. Abb., mit CD
DIN A4, kart., Best.-Nr. 018071

Musik und Liebe
Von Bernd Clausen
92 S., einige Abb., mit CD
DIN A4, kart., Best.-Nr. 018087

Musik covern – Original und Bearbeitung
Von Thomas Erlach
103 S., einige Abb., mit CD
DIN A4, kart., Best.-Nr. 018079

Szenische Interpretation von Musik
Eine Anleitung zur Entwicklung von
Spielkonzepten anhand ausgewählter
Beispiele
Von Wolfgang Martin Stroh
102 S., zahlr. Abb., mit CD
DIN A4, kart., Best.-Nr. 018077

Filmmusik
Von Christa Lamberts-Piel
99 S., zahlr. Abb., mit DVD
DIN A4, kart., Best.-Nr. 018078

Klassenmusizieren
Eine Klasse wird zur Band
Von Marco Ringel
95 S., mit CD, DIN A4, kart.,
Best.-Nr. 018088

Musiktheorie spielerisch erarbeiten
Von Marco Ringel
104 S., zahlr. Abb., mit CD
DIN A4, kart., Best.-Nr. 018084

Kreativer Musikunterricht
Ausgewählte Beispiele und Methoden
Von Marco Ringel
88 S., einige Abb., mit CD
DIN A4, kart., Best.-Nr. 018070

Mit Rhythmus anders lernen
Von Ursula Bredenbeck
98 S., einige Abb.,
DIN A4, kart., Best.-Nr. 018081

Die Reihe wird fortgesetzt!

Schöningh Verlag
Postfach 2540
33055 Paderborn

Schöningh

Fordern Sie unseren Prospekt zur kompletten Reihe an:
Informationen 0800 / 18 18 787 (freecall)
info@schoeningh.de / www.schoeningh-schulbuch.de